ACCESO GRATIS *a la Lectura en la Nube*

Para visualizar el libro electrónico en la nube de lectura envíe junto a su nombre y apellidos una fotografía del código de barras situado en la contraportada del libro y otra del ticket de compra a la dirección:

ebooktirant@tirant.com

En un máximo de 72 horas laborales le enviaremos el código de acceso con sus instrucciones.

La visualización del libro en **NUBE DE LECTURA** excluye los usos bibliotecarios y públicos que puedan poner el archivo electrónico a disposición de una comunidad de lectores. Se permite tan solo un uso individual y privado

ADMINISTRACIÓN DIGITAL Y DERECHOS LINGÜÍSTICOS

COMITÉ CIENTÍFICO DE LA EDITORIAL TIRANT LO BLANCH

María José Añón Roig
Catedrática de Filosofía del Derecho de la Universidad de Valencia

Ana Cañizares Laso
Catedrática de Derecho Civil de la Universidad de Málaga

Jorge A. Cerdio Herrán
Catedrático de Teoría y Filosofía de Derecho Instituto Tecnológico Autónomo de México

José Ramón Cossío Díaz
Ministro en retiro de la Suprema Corte de Justicia de la Nación y miembro de El Colegio Nacional

María Luisa Cuerda Arnau
Catedrática de Derecho Penal de la Universidad Jaume I de Castellón

Manuel Díaz Martínez
Catedrático de Derecho Procesal de la UNED

Carmen Domínguez Hidalgo
Catedrática de Derecho Civil de la Pontificia Universidad Católica de Chile

Eduardo Ferrer Mac-Gregor Poisot
Juez de la Corte Interamericana de Derechos Humanos Investigador del Instituto de Investigaciones Jurídicas de la UNAM

Owen Fiss
Catedrático emérito de Teoría del Derecho de la Universidad de Yale (EEUU)

José Antonio García-Cruces González
Catedrático de Derecho Mercantil de la UNED

José Luis González Cussac
Catedrático de Derecho Penal de la Universidad de Valencia

Luis López Guerra
Catedrático de Derecho Constitucional de la Universidad Carlos III de Madrid

Ángel M. López y López
Catedrático de Derecho Civil de la Universidad de Sevilla

Marta Lorente Sariñena
Catedrática de Historia del Derecho de la Universidad Autónoma de Madrid

Javier de Lucas Martín
Catedrático de Filosofía del Derecho y Filosofía Política de la Universidad de Valencia

Víctor Moreno Catena
Catedrático de Derecho Procesal de la Universidad Carlos III de Madrid

Francisco Muñoz Conde
Catedrático de Derecho Penal de la Universidad Pablo de Olavide de Sevilla

Angelika Nussberger
Catedrática de Derecho Constitucional e Internacional en la Universidad de Colonia (Alemania). Miembro de la Comisión de Venecia

Héctor Olasolo Alonso
Catedrático de Derecho Internacional de la Universidad del Rosario (Colombia) y Presidente del Instituto Ibero-Americano de La Haya (Holanda)

Luciano Parejo Alfonso
Catedrático de Derecho Administrativo de la Universidad Carlos III de Madrid

Consuelo Ramón Chornet
Catedrática de Derecho Internacional Público y Relaciones Internacionales de la Universidad de Valencia

Tomás Sala Franco
Catedrático de Derecho del Trabajo y de la Seguridad Social de la Universidad de Valencia

Ignacio Sancho Gargallo
Magistrado de la Sala Primera (Civil) del Tribunal Supremo de España

Elisa Speckman Guerra
Directora del Instituto de Investigaciones Históricas de la UNAM

Ruth Zimmerling
Catedrática de Ciencia Política de la Universidad de Mainz (Alemania)

Fueron miembros de este Comité:
Emilio Beltrán Sánchez, Rosario Valpuesta Fernández y **Tomás S. Vives Antón**

Procedimiento de selección de originales, ver página web:
www.tirant.net/index.php/editorial/procedimiento-de-seleccion-de-originales

ADMINISTRACIÓN DIGITAL Y DERECHOS LINGÜÍSTICOS

JOSEP OCHOA MONZÓ

tirant lo blanch
Valencia, 2024

Copyright ® 2024

Todos los derechos reservados. Ni la totalidad ni parte de este libro puede reproducirse o transmitirse por ningún procedimiento electrónico o mecánico, incluyendo fotocopia, grabación magnética, o cualquier almacenamiento de información y sistema de recuperación sin permiso escrito del autor y del editor.

En caso de erratas y actualizaciones, la Editorial Tirant lo Blanch publicará la pertinente corrección en la página web www.tirant.com.

© Josep Ochoa Monzó

© TIRANT LO BLANCH
EDITA: TIRANT LO BLANCH
C/ Artes Gráficas, 14 - 46010 - Valencia
TELFS.: 96/361 00 48 - 50
FAX: 96/369 41 51
Email: tlb@tirant.com
www.tirant.com
Librería virtual: www.tirant.es
DEPÓSITO LEGAL: V-1002-2024
ISBN: 978-84-1056-452-7

Si tiene alguna queja o sugerencia, envíenos un mail a: *atencioncliente@tirant.com*. En caso de no ser atendida su sugerencia, por favor, lea en *www.tirant.net/index.php/empresa/politicas-de-empresa* nuestro procedimiento de quejas.

Responsabilidad Social Corporativa: *http://www.tirant.net/Docs/RSCTirant.pdf*

Índice

Prólogo

Las lenguas y las tecnologías de la información juegan un papel instrumental para la acción administrativa. Son los medios o soporte de las actuaciones jurídicas o materiales de la Administración. La forma en que se regulen los usos lingüísticos de las Administraciones públicas o las interacciones digitales con la Administración pueden favorecer una mejor relación con la ciudadanía o pueden convertirse en obstáculos para esta. Josep Ochoa Monzó, jurista de sólido recorrido en el estudio de los derechos lingüísticos y conocedor profundo de los engranajes administrativos en su doble condición de profesor universitario y cargo académico, actúa sobre la intersección de estos dos factores. El libro que nos presenta es un estudio detallado y novedoso sobre la convivencia de una realidad plurilingüe, como la que se deriva de la doble oficialidad lingüística en muchas comunidades autónomas, con el imparable proceso de digitalización.

Estudiar cómo impactan y qué potencialidades puede aportar, a lo que el autor denomina la "intangibilidad de las garantías lingüísticas", la extensión de los procesos telemáticos y el uso de las nuevas tecnologías de la información y la propia inteligencia artificial era necesario. Este trabajo tiene la virtualidad de explorar ese espacio secante existente entre la garantía de los derechos lingüísticos que tienen reconocidas las personas con dos lenguas oficiales en sus relaciones con la Administración y los cambios que podrían producirse derivados de que esas interacciones se produzcan en entornos digitales.

El momento elegido para realizar este estudio es, además, sumamente oportuno. El lento despliegue de la Administración electrónica a lo largo de las dos últimas décadas ha experimentado un extraordinario impulso en los últimos años por diversos factores. Por un lado, se han multiplicado las plataformas telemáticas de gestión administrativa con fines de coordinación interadministrativa. Sin desconocer los problemas competenciales constatables (STC 33/2018, de 12 de abril de 2018, STC 55/2018, de 24 de mayo de 2018) y la inequívoca *vis* recentralizadora que parece latir detrás de muchas de ellas, lo cierto es que la contratación pública, la actividad subvencional, el control presupuestario y de déficit público y muchas otras áreas de actividad administrativa pasan ahora por el volcado masivo de procedimientos y datos en plataformas interoperables. En muchos casos, esta actividad administrativa interna tiene reflejo en la situación jurídica de la ciudadanía (p.ej. los contratistas) que puede experimentar como sus derechos lingüísticos parecen decaer porque esa actividad administrativa acaba "economizando" esfuerzos realizándose sólo en castellano debido a esas obligaciones ligadas al uso de plataformas comunes. En segundo término, la pandemia de Covid también ha sido un factor acelerador de los usos telemáticos en la atención al público, los procedimientos y demás relaciones administrativas. Finalmente, tecnologías disruptivas como la inteligencia artificial empieza a ser usadas para apoyar la toma de decisiones administrativas y/o para facilitar las relaciones con la ciudadanía. En ese contexto, un estudio que analiza, describe y propone vías para mantener los derechos lingüísticos y extraer las potencialidades que esos avances tecnológicos pueden tener para mejorar la protección de las lenguas oficiales, es un trabajo al que hay que prestarle atención.

El doctor Ochoa Monzó disecciona con acierto la relación entre lengua y digitalización en el ámbito de las Administraciones públicas. Además, hace un esfuerzo por adentrarse específicamente en cada uno de los territorios del estado con lenguas oficiales distintas del castellano para estudiar el estado de la cuestión. Se estudia con rigor cual ha sido la acción de protección de las lenguas ante ese fenómeno en marcha tanto en la Administración General del Estado, como en cada comunidad autónoma con lengua propia. Es un libro, por tanto, imprescindible para conocer cómo se está articulando la garantía de los derechos lingüísticos en este entorno de cambio acelerado de impulso de las tecnologías digitales en las administraciones. Un libro, en definitiva, que se une a la ya sólida trayectoria de Josep Ochoa Monzó de ofrecer desde la academia claves para entender mejor las implicaciones jurídicas de cuestiones sociales relevantes.

ALBA NOGUEIRA LÓPEZ
Catedrática de Derecho Administrativo
Universidade de Santiago de Compostela

Introducción

La Administración moderna inspirada en el modelo weberiano supuso en su día una innovación fuertemente racionalizadora y legalista en donde el procedimiento administrativo, con el paso del tiempo, se erigió en la salvaguarda de la seguridad y regularidad de la actividad administrativa, dentro de un esquema de relativo intervencionismo público. Desde ahí importan más -o al menos igual- las formas que los resultados[1], lo que es admisible con matices en la Administración Pública actual que, aun descansando sobre el principio de legalidad debe buscar también la eficacia y la eficiencia, o lo que es lo mismo, a la que no le debe ser ajeno el resultado de la actividad como exigencia hoy plasmada en el art. 3.1 de la Ley 40/2015, de octubre de 1 de octubre, de Régimen Jurídico del Sector Público (LRJSP). Con esos condicionantes, en donde la preocupación de fondo era la regularidad de la actividad administrativa, en su doble acepción, se destacó la necesidad de tener en cuenta también el resultado[2], por lo que no puede mantenerse la inmanencia de los rígidos principios de la burocracia tradicional con el sentido que tenía en el modelo weberiano, en donde la racionalidad organizada en la que se inserta la burocracia por las leyes y los reglamentos implican la tramitación *por escrito* de una serie de expedientes y documentos[3].

Hace algunos años BULLINGER (1993: 206), afirmaba que se debía imprimir celeridad a la Administración para ajustarse

---

1 Esta reflexión la tomo de RICHART CACHÓN, (1991: 253).

2 SUBIRATS HUMET (1989: 24).

3 BAENA DEL ALCÁZAR (1985: 419). En su momento, para FROSINI (1984: 453) el ordenador es un símbolo de ese proceso de racionalización del que hablará WEBER en cuanto representaba un “nuevo tipo de funcionario”.

al ritmo de la (por entonces incipiente) sociedad de la información sin que a causa de la mayor prisa empeorasen sus prestaciones con el uso de las tecnologías informáticas y telemáticas, sin merma de las garantías de los particulares. Habiéndose hablado recientemente de una necesaria *smartificación* de la Administración, para destacar el necesario uso global, intensivo y sostenible de las tecnologías de la información bajo el principio de servicio para la mejora de calidad de los ciudadanos (RAMIÓ, 2019).

Estas preocupaciones por cómo puedan afectar las innovaciones técnicas a la actividad administrativa no son nuevas. La utilización de la máquina de escribir, por ejemplo, estuvo proscrita por la legislación notarial hasta 1953 y, en lo que respecta a la actuación administrativa, si bien es cierto que ya en 1900 se dictó una orden por la que se establecía con carácter general los escritos mecanografiados, no existía una norma general autorizante de toda clase de máquinas hasta el art. 30.2 de la venerable Ley de Procedimiento Administrativo de 1958, que refería, apelando al coste económico y al beneficio esperado que, "se racionalizarán los trabajos burocráticos y se efectuarán por medio de máquinas adecuadas, con vistas a implantar una progresiva mecanización y automatismo en las oficinas públicas, siempre que el volumen del trabajo haga económico el empleo de estos medios"[4].

Como recordaba la Ley 30/1992 de 26 de noviembre de Régimen Jurídico de las Administraciones Públicas y del Procedimiento Administrativo Común, la tecnificación de estos medios operativos era constatable a través del cada vez mayor parque informático y telemático. En esa perspectiva, pero también en cuanto instrumento de diseño y seguimiento de los procedimientos administrativos, la utilización de la informática

---

4 HEREDERO HIGUERAS (1968: 81).

fue siempre bien valorada y vista como adecuada en la Administración[5]. En esta subordinación de nuevos medios para el quehacer administrativo, quedan hoy como meramente anecdóticas afirmaciones hechas desde la ciencia de la administración sobre el valor de utensilios imprescindibles para la gestión pública, como la citada máquina de escribir, calificada en su momento como aportación para el progreso y desarrollo de la vida moderna[6]. En efecto, la utilización de nuevas tecnologías no plantearía mayores problemas si sólo fuera un instrumento de apoyo a la actividad administrativa interna y sin que tuviera repercusión jurídica alguna para terceros. Pero en todo caso la actividad formalizada debe desenvolverse con arreglo al procedimiento legalmente establecido, y servir con objetividad los intereses generales de acuerdo con los principios de eficacia, y en su relación con los ciudadanos de acuerdo con el criterio de eficiencia y servicio, bajo el parámetro, como diremos, del derecho a una buena administración como corolario al procedimiento debido, al que se refieren entre otras las SSTS de 14 de abril de 2021 y 4 de noviembre de 2021[7].

No se trata de significar lo que todos y cada de esos principios implican desde los postulados constitucionales o en su plasmación en los nuevos derechos de la ciudadanía recogidos en los Estatutos de Autonomía. No hay duda de que la eficacia, o la eficiencia, ambas en cualquier caso, son deudoras de los nuevos medios técnicos en la actividad administrativa, de las tecnologías de la información y de las comunicaciones (TIC) y sobre todo de las posibilidades telemáticas y de la administración electrónica, que hacen buenos los principios de celeridad, rapidez y agilidad de los procedimientos administrativos

---

5 Entre ellos el "viejo" *Estudio Delphi. La modernización de los procedimientos de actuación en la Administración Pública,* MAP. 1990.

6 LIÉBANA RAMÍREZ (1966: 90).

7 Por todos, recientemente PONCE (2023).

y de las actividades materiales de gestión (entre muchos de los del art. 3 de la Ley 40/2015, de 1 de octubre) en la actividad administrativa (formalizada o no) al ser un claro apoyo para la satisfacción del interés general, medible en las relaciones de aquéllas con los ciudadanos, en donde se sitúan las posibilidades del auge de los sistemas automatizados para la toma de decisiones, pero también del creciente uso de sistemas de Inteligencia Artificial (GAMERO, 2023).

La Ley 30/1992 de 26 de noviembre abrió la era digital al procedimiento administrativo llegando a afirmar (puede que de manera harto enfática en su Exposición de Motivos) que "las técnicas burocráticas formalistas, supuestamente garantistas, han caducado, por más que a algunos les parezcan inamovibles, y hay que abrirse decididamente a la tecnificación y modernización de la actuación administrativa en su vertiente de producción jurídica y a la adaptación permanente al ritmo de las innovaciones tecnológicas". Declaración que no pasó desapercibida por la doctrina, que vertió atinadas descalificaciones[8]. Ahora bien, el alcance de lo querido y plasmado por el legislador (de 1992) debe situarse en sus justos términos en la medida en que la norma quiso potenciar la incorporación de las técnicas informáticas y telemáticas en la relación ciudadano-Administración y al procedimiento administrativo, para lo que anunció esa incorporación de nuevas tecnologías. En este sentido es innegable que los cambios técnicos y tecnológicos influyen en el Derecho, produciendo igualmente cambios o reclamándolos lo que, por supuesto es válido para las Administraciones Públicas y el Derecho Administrativo. No es necesaria una especial argumentación para asumir, en efecto, que el

---

8 GONZÁLEZ PÉREZ, Jesús y GONZÁLEZ NAVARRO (1994). Crítico también ABAJO QUINTANA, Joaquín José, *La tramitación de la Ley de Régimen Jurídico de las Administraciones Públicas y del Procedimiento Administrativo Común*, Boletín Oficial del Estado, Madrid, 1994.

avance científico agudiza el ingenio del legislador y lo pone a prueba, desde la secular existencia, no siempre evitable, de un desfase entre las normas jurídicas y las transformaciones sociales que aspiran a regular a modo de una comunicación asíncrona, por utilizar símiles telemáticos, lo que quizás es más acusado en el terreno informático y en todos aquellos cuya evolución técnica es especialmente dinámica. Por ello, si las TIC abrieron en su día unas expectativas inimaginables a nivel social, ya antes se llegó a afirmar que el uso del ordenador significaba para el derecho -y, en general, para la cultura- una revolución sólo comparable a la que supuso en el pasado la introducción de la escritura y de la imprenta (LOSSANO, FROSINI).

El avance normativo se plasmó sin duda de manera directa con la citada Ley 30/1992, luego con la Ley 24/2001, de 27 de diciembre de Medidas Fiscales, Administrativas y del Orden Social que la afectó, y la Ley 11/2007, de 22 de junio, de acceso electrónico de los ciudadanos a los Servicios Públicos y de forma previa, que apostaron por un nuevo paradigma del uso de las TIC en la actividad administrativa, lo que produjo un debate creciente (y superado) con aportaciones doctrinales interesantes en su día en cuanto al análisis del mismo régimen jurídico de la e-Administración y del procedimiento administrativo electrónico[9], o de las TIC en la actividad administrativa, formalizada o no, y sobre todo el de las posibilidades de la telemática.

No es ocioso recordar que la Ley 30/1992 marcó un hito disruptivo (y normativizado) por abrir la Administración y la actividad administrativa a los medios electrónicos, informáticos y telemáticos colmando una demanda de modernización, apostando por un cambio normativo que diera validez jurídica a los procedimientos que se tramitasen en soporte

---

[9] BAUZÁ MARTORELL (2002). VALERO TORRIJOS (2003).

informático[10]. Todo esto al posibilitar la utilización de esos medios en la actividad administrativa en cada una de las vertientes en las que puede tener cabida el uso de nuevas tecnologías, como es la actividad administrativa interna, material o técnica, no formalizada, y otra en la actividad jurídica o formalizada desarrollada, lo que nos acerca a la administración electrónica, e-Administración, sobre todo en cuanto al procedimiento administrativo *strictu sensu*[11], lo que llevó al procedimiento administrativo electrónico o al *ciberprocedimiento* como le denominé en su momento (OCHOA, 2000), expresión que no hizo fortuna.

Es evidente que la referencia a la informática y a la telemática obligan a concluir que las normas administrativas incorporan instrumentos técnicos como medio para las notificaciones, comunicaciones y relaciones de todo tipo con los ciudadanos, lo que es el caso, superadas o reajustadas sin género de dudas todas y cada las garantías del Derecho Administrativo. Sobre todo del procedimiento administrativo y del acto administrativo (en su momento referidas a la constancia de la recepción, la fecha, la identidad y el contenido) hasta llegar a la básica y necesaria interoperabilidad bajo las previsiones hoy del Real Decreto 203/2021, de 30 de marzo, por el que se aprueba el Reglamento de actuación y funcionamiento del sector público por medios electrónicos, en relación con la dilata entrada en vigor en este externo de la Ley 39/2015, de 1 de octubre, del Procedimiento Administrativo Común de las Administraciones Públicas, y la Ley 40/2015, de 1 de octubre, que consagran el derecho (deber en algunos casos) de las personas a relacionarse

10 MARTÍN ACEBES (1991: 389). Sobre el pretendido carácter novedoso me remito a VALERO TORRIJOS (2000: 2954).

11 No es esta una distinción en la que vayamos a entrar, al estar muy "trillada". Adopto la distinción consolidada que que ya recogiera PALOMAR OLMEDA (1995: 361).

por medios electrónicos con las administraciones públicas. A la par que se simplificaba el acceso a los mismos, y se reforzaba el empleo de las tecnologías de la información y las comunicaciones en las administraciones públicas, tanto para mejorar la eficiencia de su gestión como para potenciar y favorecer las relaciones de colaboración y cooperación entre ellas. Consolidando en su art. 13 la tramitación electrónica de una actuación administrativa que podrá llevarse a cabo, entre otras formas, de manera automatizada de acuerdo con lo previsto en el artículo 41 de la Ley 40/2015, de 1 de octubre.

Por ello, no es nuevo admitir se dice más recientemente que el Derecho Administrativo se ha visto forzado a asimilar nuevos conceptos ajenos a la tradicional regulación con nociones meta jurídicas como metadatos, interoperabilidad todo ello en clave tecnológica, que ya son arcaicos al lado de la Inteligencia Artificial, el Internet de las cosas (IoT) el *machine learning* o *deep learning* (CAMPOS ACUÑA, 2019: 86). Y es que la nominada incorporación de medios técnicos, y su efectiva implementación ha tenido y tendrá unas consecuencias importantes para el Derecho Administrativo. Es en esa sociedad digital en la que se inserta como diremos otro debate creciente como es el uso de la IA y la posible afectación a los derechos fundamentales (PRESNO, 2022, MARTÍNEZ MARTÍNEZ, 2018), pero también se extiende a lo que sea la misma inteligencia artificial, sus riesgos, cómo actúa, bajo qué presupuestos a fin de producir o colaborar en la producción de actos administrativos, y si se debe admitir en todo caso una reserva de humanidad (PONCE SOLÉ, 2022).

En todo caso, se deberá operar con respeto a todas y cada una de las garantías previstas en cada procedimiento, y asegurándolas en el caso de las relaciones ciudadanos-Administración por medios electrónicos, informáticos o telemáticos. En suma, cualquier aproximación a las iniciativas de modernización de las administraciones púbicas obliga a tener que enfrentarse a una terminología copiosa y, en buena medida, inconcreta que hace referencia a conceptos como digitalización, *open data,* metadatos, algoritmos, administración electrónica y, de manera creciente a Inteligencia Artificial, *machine learning* o *deep learning* (TASA, 2022: 287).

La idea de la que partimos es de que si la lengua es esencial en el procedimiento administrativo[12], ya sea electrónico o analógico, y también en las relaciones no formalizadas de los ciudadanos con las Administraciones Públicas, ello supone reconocer que hay toda una serie de derechos lingüísticos consagrados *prima facie* en un ecosistema no digital, pero que deben ser los mismos ante una administración electrónica y/o que haga uso más o menos intenso de la automatización para adoptar sus decisiones o emplee la inteligencia artificial.

El incremento de medios digitales, entre ellos sistemas de inteligencia artificial y de administración automatizada, medios robóticos o asistentes virtuales van a tener un impacto sobre la lengua que usen, que debe ser una lengua oficial, en la que cabe no solo el castellano sino otras oficiales en España. Lenguas que en algunos casos son minoritarias o están minorizadas en el sentido que les otorga la Carta Europea de las Lenguas Regionales o Minoritarias. Dicho de otra forma, los efectos que el proceso de transformación digital de la administración tiene sobre la organización y el funcionamiento de esta son crecientes y estos cambios generan problemas y necesidades regulatorias que han sido insuficientemente atendidas en la legislación estatal, con posibles consecuencias para una adecuada protección de los derechos lingüísticos (TEJEDOR, 2023: 59).

Y es que no es baladí el uso de una lengua u otra en entornos digitales, pues ello va ligado a la cantidad de información a la cual se puede acceder y los servicios disponibles (MELERO,

---

12 NOGUEIRA LÓPEZ (2017).

2018: 154), en suma, a los recursos existentes para que propicien una relación entre la administración y los particulares, ya en un procedimiento administrativo o con la puesta o presencia de servicios por la Administración, pues en todo caso se necesita una lengua (oficial) relacional, sea de forma oral o escrita para que se produzcan efectos jurídicos, lo que debe hacerse sin afectación a los derechos lingüísticos de los ciudadanos con las Administraciones Públicas, ya que no hay que descartar como se ha dicho en otro marco que pueda haber una posible "fractura lingüística digital"[13]. Y es que para PRESNO (2022: 198), la revolución digital y en particular, la Inteligencia Artificial (IA), no suponen al menos en el estado actual una transformación esencial en lo que respecta a la dimensión subjetiva de los derechos, aunque sí pueden constituir una herramienta que maximice las de facultades en que los derechos *fundamentales* consisten, debiendo recordar que los derechos linguisticos no son derechos fundamentales, pero sí enlazan con alguno de estos.

El objeto de este libro es por ello ver en qué medida el uso medios digitales[14] en y por la Administración Pública, ya en su vertiente formalizada en un procedimiento administrativo, o como mera posibilidad en entornos digitales de relación entre la ciudadanía y las administraciones públicas (acceso a webs o sedes electrónicas, entre otras, asistentes virtuales) lo que alcanza a las actuaciones automatizadas y al uso de la inteligencia artificial, puede suponer una merma de las garantías o de los derechos lingüísticos de la ciudadanía en sus relaciones con la

---

13 AGUADO i CUDOLÁ, Vicenç (2012). Un estudio concreto en cuanto a esta fractura en TEJEDOR (2023).

14 Entendemos por tal, siguiendo a la RAE "todo aquel medio que crea, presenta, transporta o almacena información mediante la combinación de bits", lo que es aplicable tanto a la actuación administrativa automatizada, a los sistemas de inteligencia artificial y a otros instrumentos técnicos.

Administración, para lo cual partiremos en el Capítulo Primero de una breve síntesis de lo que son los derechos lingüísticos ante las Administraciones Públicas, y de cómo se han reinterpretado por la reciente jurisprudencia constitucional sobre todo tras la STC 31/2010, de 28 de junio sobre el Estatuto de Cataluña, y la que la ha seguido.

En el Capítulo Segundo descenderemos al análisis de cómo los medios técnicos y, sobre todo, la generalización de la inteligencia artificial o de la actuación administrativa formalizada están afectando (o pueden hacerlo) al Derecho Administrativo, partiendo de una aproximación con alta dosis de pragmatismo, pues no se aspira a dar cuenta de todo ello en su totalidad. Sino de detectar, asumiendo opiniones doctrinales reputadas, si hay (o puede haber) algún tipo de afectación a los derechos lingüísticos de los particulares por el mero uso de medios electrónicos o de inteligencia artificial en cuanto a la lengua utilizada por la ciudadanía en sus relaciones con la Administración pública, destacando desde ya la necesidad de disponer de recursos lingüísticos bastantes y de calidad en las lenguas oficiales españolas, sean o no minoritarias.

En el Capítulo Tercero veremos cómo son sobre todo las administraciones autonómicas las que han empezado a regular o potenciar el uso de la lengua oficial propia en entornos digitales, como medida de fomento para su incremento en internet y en los sistemas que usan -o usarán- inteligencia artificial. Garantizándola igualmente en las decisiones administrativas automatizadas bajo lo que es un principio de intangibilidad de los derechos lingüísticos consagrados *prima facie* para un entorno no digital. Y que deben ser los mismos en una administración electrónica y/o que haga un uso más o menos intenso de la automatización para adoptar sus decisiones o que llegue al uso de la inteligencia artificial como soporte de las funciones administrativas. Por esto se asume que en un entorno digital no debe haber ningún tipo de merma de las garantías de los ciudadanos, y de las lingüísticas en particular, bajo un principio de intangibilidad en el uso de estas nuevas tecnologías, ya sea en una relación formalizada o no. Apuntando que si bien el posible uso de la inteligencia artificial, también en situaciones no formalizadas de una lengua minorizada pero oficial puede suponer mejoras efectivas para los hablantes de la misma, no es descartable que produzca conflictos jurídicamente potenciales (BOIX, 2023: 105).

Capítulo 1

La lengua como presupuesto necesario de la relación entre la administración y la ciudadanía

1. LENGUA Y DERECHO

Las Administraciones Públicas en su relación con los particulares deben usar una lengua como soporte formal de comunicación si se trata de una actividad formalizada (procedimiento administrativo) o como parte de la interacción con la ciudadanía si se trata de la prestación de un servicio público o del acceso por aquellos a servicios de información, presenciales o no, en forma oral o escrita, lo que alcanza a los crecientes *chats boots.* No es extraño que se precise regular, como derivación del bloque de constitucionalidad o de la legalidad ordinaria (caso de la Ley 39/2015, de 1 de octubre, o de las leyes de las Comunidades Autónomas) el uso institucional de la lengua oficial distinta del castellano, y por supuesto de la que quepa usar en la actividad formalizada en un procedimiento administrativo. Así, entre otros, el Decreto 61/2017, de 12 de mayo, del Consell, por el que se regulan los usos institucionales y administrativos de las lenguas oficiales en la Administración de la Generalitat Valenciana, en buena parte declarado no conforme a Derecho[15], con previsión de cómo y en que en lengua atender a la ciudadanía (art. 16 presencial o telemática), en

[15] Por todos, el análisis de BOIX (2020). Y para el marco en el que nos movemos, BOIX (2023).

los sistemas telefónicos o telemáticos automatizados de información, autoventa, expedición de documentos y análogos (art. 17), o en los contenidos de titularidad de la Administración de la Generalitat en internet, intranet y redes sociales o en las de las páginas *web* (art. 19). En términos similares, en ocasiones casi coincidentes, el Decreto 49/2018, de 21 de diciembre, sobre el uso de las lenguas oficiales en la Administración de la Comunidad Autónoma de las Islas Baleares.

La lengua, lengua oficial como diremos, es el soporte formal y necesario de la actividad administrativa en que se concreta el procedimiento administrativo, ya sea analógico o electrónico, siendo el instrumento de relación de las Administraciones Públicas con la ciudadanía, de forma oral o escrita. La lengua es por ello una de las actividades humanas que pueden ser objeto de regulación jurídica, ya que debe usarse en actos solemnes o jurídicamente relevantes (PÉREZ FERNÁNDEZ, 2006: 23), por lo que su empleo en vía tanto formalizada o no entre los ciudadanos y los poderes públicos debe ser objeto de intervención. Por usar palabras de la STC 31/2010, de 28 de junio "se trata de que los actos de *imperium* que son objeto de comunicación desplieguen de manera regular sus efectos jurídicos... " (F.J 14 y 21), para lo que se precisa definir en qué lengua pueden hacerse o producirse. Además, como es sabido, lo que tiene sustantividad propia, el derecho es en sí mismo un lenguaje de especialidad y dentro de este el lenguaje administrativo en que se traduce todo acto o norma administrativa, es un subsistema del mismo lenguaje jurídico (MOREU CARBONELL, 2020: 317, 323).

Se ha dicho también que la lengua tiene dos dimensiones: una instrumental y otra expresiva. Desde la óptica instrumental se concibe como un medio para denominar cosas, nociones y hechos, permitiendo que las personas se comuniquen. Por su parte, la dimensión expresiva es crucial para la forma en que los miembros de una comunidad se conciben a sí mismos y enmarcan su forma de vida (BIANCULLI et al, 2021:

38). En todo caso, como instrumento o medio de relación entre las personas (o entre las personas y, en su caso, con las máquinas que puedan usar un lenguaje) si se quiere que se deriven efectos jurídicos en aras a la misma seguridad jurídica, el ordenamiento jurídico debe decidir y ordenar bajo qué presupuestos (y condiciones) se puede usar una lengua en la relación entre los particulares y las Administraciones Públicas. Todo ello sin poner énfasis ahora en la lengua de las personas que sirven a la Administración, los empleados públicos y la derivación del art. 54.11 del Real Decreto Legislativo 5/2015, de 30 de octubre, por el que se aprueba el Texto Refundido de la Ley del Estatuto Básico del Empleado Público, como principio de conducta de los mismos que dispone que "garantizarán la atención al ciudadano en la lengua que lo solicite siempre que sea oficial en el territorio". Lo que va unido al hecho de "cómo" se garantiza este derecho que no puede serlo más que con la existencia de empleadas y empleados públicos que estén capacitados desde el punto de vista lingüístico, es decir, cuenten con lo que se conoce como requisito lingüístico en el empleo público, teniendo en cuenta el llamado "bilingüismo efectivo del servicio público que se deriva desde la STC 76/1983, de 5 de agosto referida al proyecto de (la famosa) Ley Orgánica de Armonización del Proceso Autonómico (LOAPA), que vino a decir tempranamente y a "... considerar el conocimiento de la lengua propia de la Comunidad como un mérito para la provisión de vacantes, pero, por otra, a atribuir el deber de conocimiento de dicha lengua a la Administración autonómica en su conjunto, no individualmente a cada uno de sus funcionarios, como modo de garantizar el derecho a usarla por parte de los ciudadanos de la respectiva Comunidad. Ahora bien, dentro de este contexto, la valoración relativa de dicho mérito -y como tal considera el art. 32.2 a) el conocimiento de la lengua oficial propia de las Comunidades no tiene su fundamento en la implantación real de la lengua en cuestión, sino en la necesaria garantía del derecho a usarla, por lo que la frase final del apartado a) del art. 32.2, «en función de la implantación real de la misma» (FºJº 42), ha de considerarse inconstitucional".

En cualquier caso es meridianamente obvio que el personal de las Administraciones Públicas desempeña un papel determinante en la consecución de una efectiva atención a los ciudadanos en la lengua de su elección, lo que es un derecho subjetivo, es decir, en la garantía de los derechos lingüísticos de la ciudadanía, ya que son los empleados públicos los que deben tramitar los procedimientos, emitir informes, llevar a cabo la actividad administrativa, por lo que deben estar lo suficientemente capacitados desde el punto de vista lingüístico, sobre todo en el acceso al empleo público y la provisión de puestos de trabajo con posterioridad a su ingreso (NOGUEIRA, 2006: 454). Dicho de otra manera, en buena medida si los empleados públicos son los que están al servicio de la administración, ya sea en una gestión tradicional en soporte papel, o digital, también hay derivaciones que poniendo el foco de atención en los mismos conforman el haz de cómo producir efectos jurídicos en función de la lengua de uso en una actuación administrativa.

En nuestro caso, y dejando de lado otras consideraciones, el procedimiento administrativo podemos verlo como el "cauce formal de la serie de actos en que se concreta la actividad administrativa para el cumplimiento de sus fines" como instrumento con un claro propósito de legitimación de la actividad administrativa, de la legalidad de su actuación y garantía de una buena administración, como diremos. El uso de medios técnicos y digitales en la actividad no ya puramente interna de gestión, sino en la tramitación formal ha posibilitado así, como se sabe, un *procedimiento administrativo electrónico,* que tan solo ha reajustado los requisitos generales de la actividad administrativa y desarrollo de aquel: lugar, tiempo y forma; y a las fases del procedimiento: iniciación, desarrollo, instrucción y terminación[16]. *Mutatis mutandi* asumimos desde ya que tan solo ha habido un reajuste en cuanto a los derechos lingüísticos en cuanto a la posibilidad de uso de medios tecnológicos. Al margen las reglas que consagra hoy la Ley 39/2015 de 1 de octubre del Procedimiento Administrativo Común de las Administraciones Públicas (LPACAP) en cuanto a la forma de iniciación, desarrollo y terminación, no hay duda de que se precisa un soporte formal para el acto administrativo referido a la lengua en que este se produce, las lenguas oficiales del Estado español, en la medida en que el Ordenamiento Jurídico que se deriva del bloque de constitucionalidad lo permite en conexión con el art. 15 LPACAP (y las leyes autonómicas), según el cual todo o parte del procedimiento administrativo se puede desenvolver íntegramente en la lengua de elección del interesado. Lo que conecta con el art. 13 c) de la misma Ley. Así, tanto en el procedimiento administrativo "tradicional", como en el procedimiento administrativo electrónico (o en donde se usen medios digitales), el reconocimiento del uso de las tecnologías de la información y la comunicación (que consagrara ya la Ley 30/1992, de 26 de noviembre) "no significa necesariamente sacrificio alguno de las garantías procedimentales conocidas o de las formas, si se sustituyen o se readaptan para el uso de nuevas técnicas"[17].

Cabe hablar ya, sin perjuicio de lo que se verá en el Capítulo Tercero, que el Ordenamiento Jurídico consagra un principio de intangibilidad de los derechos lingüísticos en una administración electrónica, lo que nada impide que se extienda esta garantía para el uso de la inteligencia artificial en las

---

16 Parcialmente he seguido el esquema clásico de MARTÍN MATEO y DÍEZ SÁNCHEZ (2012).

17 OCHOA MONZÓ (2000: 156). GAMERO CASADO, Eduardo, "Objeto, ámbito de aplicación y principios generales de la Ley Electrónica, en AAVV (2009: 104).

Administraciones Públicas, o a la actividad administrativa automatizada. La protección genérica la asumió tempranamente la Ley 29/2010, de 3 de agosto, del uso de los medios electrónicos en las actuaciones del sector público de Cataluña, cuyo art. 4. Décimo al hablar de "principio de legalidad" como el "mantenimiento de la integridad de las garantías jurídicas de los ciudadanos ante las administraciones públicas, de acuerdo con lo regulado por el régimen jurídico y el procedimiento de las administraciones públicas". Lo que, como señala la mejor doctrina, referido en un marco amplio (necesidad de procedimiento, ejercicio de las potestades administrativas, motivación del acto administrativo, régimen de nulidad, entre otros) como veremos en el Capítulo Segundo se deriva directamente de la Ley 39/2015, de 1 octubre y Ley 40/2105, y es innecesario que se diga expresamente por el legislador. Con todo, entiendo precisa su plasmación expresa a fin de potenciar justamente el principio de legalidad de la Administración Pública, y vincularla más intensamente, por lo que son correctas formulaciones como la Disposición adicional quinta de la citada Ley 29/2010, de 3 de agosto en el sentido de que "las aplicaciones que las entidades que integran el sector público ponen a disposición de los ciudadanos deben permitir que la consulta, participación y tramitación puedan hacerse en la lengua oficial escogida por la persona interesada y deben permitir el cambio de opción lingüística en cualquier momento". La idea fuerza que seguimos, en suma, es que al margen de que la Administración Pública pueda usar en más o en menos los medios tecnológicos, o de que esté obligada a ello legalmente, o lo haga por mor del refuerzo de la eficacia administrativa, es evidente que debe garantizar y respetar los derechos de la ciudadanía y no para que los ciudadanos se adapten a sus necesidades lógicas o propias (TASA y BODOQUE, 2019: 76).

Como señala NOGUEIRA (2023):

> *"la atención mediante aplicaciones inteligentes, la necesidad de bucear por las webs de las administraciones para buscar*

> *información que no es posible conseguir presencialmente, el teletrabajo de los empleados públicos, que no permite poner cara o ubicación a quien atiende telemáticamente, tiene también unas implicaciones lingüísticas. Puede servir para superar déficits de atención en las lenguas propias, con un diseño adecuado de las webs, sedes electrónicas, aplicaciones o por la propia posibilidad de asignar los expedientes o atención al público con criterios lingüísticos".*

Esas garantías no pueden verse disminuidas por el hecho de que la Administración actúe de manera automatizada o con sistemas de inteligencia artificial, o a través de cualquier tipo de instrumento como puedan ser asistentes virtuales, chats *boots*, robots. Sea como fuera el núcleo básico esencial e inescindible que, conforme al principio de intangibilidad de los derechos lingüísticos tiene la ciudadanía, va ligado al concepto de lengua oficial tanto si hay o no un uso de medios técnicos por parte de las Administraciones Públicas, pues el derecho subjetivo al uso y la respuesta en la lengua elegida es independiente de si el organismo, administración pública o poder público hace o no uso de las TIC.

2. LOS DERECHOS LINGÜÍSTICOS ANTE LAS ADMINISTRACIONES PÚBLICAS. EL BÁSICO DERECHO DE OPCIÓN LINGÜÍSTICA

No podemos entrar en el análisis de todas y cada una de las facultades ciudadanas que se aglutinan bajo la expresión amplia y consagrada de derechos lingüísticos[18], entre las que está el derecho a ser atendido en la lengua escogida que forma parte del derecho de opción lingüística, básico en este sentido. Ya la sentencia del Tribunal Supremo de 25 de septiembre de

---

18 Básico sigue siendo AAVV (2003), *Dret Lingüístic*, VERNET, Jaume (coord.).

2000, en este caso relativo al gallego, entendía que había dos derechos básicos en materia lingüística que se derivan de la Constitución y del Estatuto, el derecho de uso para realizar válidamente en plena eficacia actuaciones en el ámbito territorial en que la lengua sea oficial y el derecho de opción de la lengua oficial como derecho que asiste a los ciudadanos, todo lo cual se deriva directamente del artículo 3.2 de la Constitución. En efecto, es sobradamente conocido el marco que se integra en la cúspide con la Constitución (art. 3 y art. 14, sobre todo) y los Estatutos de Autonomía, lo que se debe completar con la abundante jurisprudencia en esta materia, desde las derivaciones jurídicas que parten del concepto de lengua oficial de la célebre STC 82/1986 de 26 de junio; doctrina reiterada en SSTC 83/1986, y 84/1986 las dos de 26 de junio asimismo que, junto con la STC 123/1988, de 23 de junio forman el núcleo esencial en materia de derechos lingüísticos. A ello se suma la interpretación, regresiva, y la deriva que arranca con la STC 31/2010, de 28 de junio[19] sobre el Estatut de Cataluña de 2006 y la STC 11/2018, de 8 de febrero[20], entre las más relevantes.

Los derechos lingüísticos son todos aquellos que se integran en el ordenamiento jurídico ordenado (desde el bloque de constitucionalidad) sobre todo por las Comunidades Autónomas con lengua oficial distinta del castellano, que se decantan directa o indirectamente de una política de normalización lingüística para fomentar una lengua oficial distinta del castellano, y hacer de aquella un uso normal y habitual en todos los ámbitos. En ese marco hay un tema con sustantividad propia y compleja que no podemos abarcar como el de la lengua en la enseñanza (analizado entre muchas en STC 15/2013, de 331 de enero; STC 14/2018, del 20 de febrero, y

---

19 Entre la abundantísima doctrina, TASA y BODOQUE (2019).

20 Que resuelve el recurso contra la Ley 35/2010, de 1 de octubre, del occitano, aranés en Arán.

30/2018, del 22 de marzo. STC 51/2019, de 11 de abril, STC 8675/2020 del 16 de desembre, 359/2021 y 1361/2021, de 23 de marzo referidas todas ellas al porcentaje de enseñanza del castellano como lengua vehicular) espacio en el que también el uso de sistemas digitales o de la misma IA aplicada al ámbito docente puede tener implicaciones en materia de derechos lingüísticos.

Pero como los derechos lingüísticos presuponen, entre otros, el derecho al uso de una determinada lengua oficial antes los poderes públicos, sí es necesario recordar que, como ya dijera la STC 82/1986, de 26 de junio al resolver el recurso de inconstitucionalidad promovido por el Gobierno de la Nación contra determinados preceptos de la Ley 10/1982, de 24 de noviembre, del Parlamento vasco, Básica de Normalización del Uso del Euskera "es oficial una lengua, independientemente de su realidad y peso como fenómeno social, cuando es reconocida por los poderes públicos como medio normal de comunicación en y entre ellos y en su relación con los sujetos privados, con plena validez y efectos jurídicos….. la consecuente cooficialidad lo es con respecto a todos los poderes públicos radicados en el territorio autonómico, sin exclusión de los órganos dependientes de la Administración central y de otras instituciones estatales en sentido estricto, siendo, por tanto, el criterio delimitador de la oficialidad del castellano y de la cooficialidad de otras lenguas españolas el territorio, independientemente del carácter estatal (en sentido estricto), autonómico o local de los distintos poderes públicos…" (» (F. J. 2º). Se ha dicho desde ahí que el modelo español es una categoría jurídica que resalta la decisión política por encima de la realidad sociolingüística lo que conlleva un contenido positivo en virtud del cual la lengua en cuestión pueda ser utilizada en los ámbitos básicos de las relaciones sociales públicas: educación, instituciones públicas, servicios administrativos, administración de justicia y medios de comunicación social (RUIZ, 2005: 255).

Más ampliamente podemos hablar de tres ámbitos posibles de intervención en materia lingüística para las Comunidades Autónomas con lengua oficial distinta del castellano que han ejercido sus competencias de normalización lingüística. Un núcleo duro y originario que regula en primer término la esfera ligada a la oficialidad y a su presencia en el ámbito público (usos administrativos, empleo público, educación). Lo que han asumido algunas comunidades autónomas posteriormente al diseñar un segundo círculo de intervención que busca ampliar la normalización lingüísticas al tráfico jurídico-privado regulando esos espacios de intervención "mixtos" en los que el poder público incide en el ámbito socioeconómico (contratación pública, actividades de fomento con incidencia en la economía). Y otro tercer círculo de regulaciones más estrictamente ligadas al ámbito privado (etiquetado, relaciones laborales…)[21]. Nos interesa tan solo el que puede poner más en contacto la ciudadanía con la Administración, referido a los usos administrativos y a la lengua en la actividad (y el procedimiento administrativo), dejando de lado la distinción de PÉREZ FERNÁNDEZ (2006: 27) entre el derecho a la lengua y el derecho a una lengua oficial en las relaciones públicas, lo que conecta con los derechos individuales y colectivos de contenido lingüístico. Y en especial con esa vertiente de cuándo una lengua deviene oficial en el sentido de la STC 82/1986, de 26 de junio, como vehículo de relación con efectos jurídicos entre los particulares y entre estos y los poderes públicos, en la medida en que solo en estos casos podrá ser usada como medio de la actividad, formalizada o no de las administraciones públicas, y también como lenguaje en el que operen los sistemas que permitan la actuación administrativa automatizada y/o los sistemas basados en inteligencia artificial.

---

21 He seguido NOGUEIRA (2019: 47).

Partimos de que en todas las Comunidades Autónomas con lengua oficial distinta del castellano existe, directa o indirectamente estructuradas como tal, una política de normalización lingüística entendida como un proceso más o menos formalizado y progresivo aplicable en diversos momentos temporales (VERNET, 2005: 256) para fomentar una lengua oficial distinta del castellano[22], hacer de esta un uso normal y habitual en todos los ámbitos, lo que en pura lógica alcanza al procedimiento administrativo y a la actuación administrativa, formalizada o no. Esto no es extraño, pues, al margen la mayor o menor sensibilidad de los actores que deben impulsar dicho proceso de normalización lingüística, que debe ser necesariamente jurídico o no será, es innegable que toda comunidad tiene una política lingüística (GISBERT, 2020: 14). Es más, se ha afirmado que la definición de los derechos lingüísticos se articula indirectamente a través del reconocimiento del estatus de oficialidad y cooficialidad del castellano y de las lenguas propias de las comunidades autónomas, respectivamente, lo que tiene su reflejo en derechos fundamentales de fuerte contenido lingüístico, como el derecho a la educación o la libertad de expresión entre otros, lo que implica que la incorporación de ambas lenguas al ámbito institucional de las Comunidades Autónomas a través de estrategias específicas de política lingüística, debe garantizarse en condiciones de no discriminación (BIANCULLI et al. 2021). Lo que sí conecta con derechos fundamentales como el de igualdad y no discriminación del art. 14 CE, ante la interdicción de la discriminación por razón

---

[22] Sobre las limitaciones bajo este título de fomento, URRUTIA (2023:24) para quien en el impulso de los procedimientos electrónicos se aprecia una importante tracción por parte de la Administración del Estado, abocando a una gestión centralizada de múltiples servicios administrativos, en los que la atención a los aspectos lingüísticos derivados de la oficialidad compartida de las lenguas resulta insuficiente.

de lengua. Salvando las distancias podemos trasladar aquí el debate que se conoce acerca de la configuración del derecho de acceso a la información pública (de la transparencia en general) y de cómo lo entiende la doctrina o la jurisprudencia[23]. Al menos las recientes STS 140/2023, de 7 de febrero y STS 502/2023, de 27 de abril, lo ven solo "como un derecho subjetivo ejercitable ante las Administraciones Públicas, a tenor de la norma legal de desarrollo" y "no es un derecho fundamental, como se infiere de su configuración y ubicación sistemática en la Constitución, en el Título IV CE "del Gobierno y la Administración", y al margen, en definitiva, de la previsión del artículo 53.2 de la CE. Es un derecho subjetivo ejercitable ante los poderes públicos. Si bien puede entrar en conexión con otros derechos, o en colisión con ellos...."[24].

En efecto, existe consenso en que los derechos que se desprenden de las declaraciones de oficialidad de una lengua no constituyen, al menos bajo el punto de vista de sus garantías, derechos fundamentales, sino que se configuran más bien como derechos públicos subjetivos de carácter ordinario exigibles ante los poderes públicos, pero sin ninguna vía privilegiada de defensa jurisdiccional ni el límite que para esa protección supone para el legislador el respeto del contenido esencial de los mismos. Eso no quiere decir que algún derecho fundamental no contenga algún aspecto lingüístico,

---

[23] SÁNCHEZ FERRI (2023). O las notas, sobre el debate al sí de la previsible reforma de la Ley 19/2013, de 9 de diciembre, de transparencia, acceso a la información pública y buen gobierno, de GÓMEZ SÁNCHEZ, Yolanda, https://transparencia.gob.es/transparencia/en/dam/jcr:d965ba79-0120-461d-814b-affdccf57f89/01%20Ponencia%20derecho%20fundamental.pdf (Acceso 5 de octubre de 2023).

[24] Vid. el (crítico) análisis de FERNÁNDEZ RAMOS y PÉREZ MONGUIÓ (2023). Un panorama más amplio en GUICHOT REINA (2023).

o que algún derecho lingüístico no tenga cabida dentro de un derecho fundamental o esté relacionado, pues la lengua es el medio instrumental para el ejercicio de derechos sí calificados como fundamentales, como pueda ser la libertad de expresión, el derecho a la educación o el derecho a la tutela judicial efectiva. Hoy todo ello con la garantía de la prohibición de cualquier tipo de discriminación que deriva del artículo 14 de la Constitución española y que alguna legislación sectorial como la Ley 39/2015 acoge.

Interesante es aquí la STC 91/2019, de 3 de julio según la cual el art. 14 CE reconoce "un verdadero derecho fundamental vinculante y directamente aplicable por jueces y tribunales que no es simplemente instrumental a los demás derechos fundamentales, sino que adquiere un contenido propio. En un Estado social y democrático de Derecho, como el que establece nuestra Constitución, el derecho a la igualdad no consiste meramente en una exigencia formal de trato equitativo, sino en una exigencia material de tutela que garantice la efectividad sustancial de la igualdad entre los individuos y los grupos, y que remueva los obstáculos que impidan o dificulten su plenitud (art. 9.2 CE)". Por lo que no cabe desconocer que en relación con ese mandato dirigido a los poderes públicos para que promuevan políticas públicas encaminadas a que la libertad e igualdad de los ciudadanos sean efectivas y reales, está la de remover los obstáculos que las impidan o dificulte, por lo que deben tener cabidas actuaciones destinadas a compensar situaciones históricas de discriminación padecidas inveteradamente por ciertas personas y grupos en cuanto al uso de la lengua de su elección. Para lo que se deben aprobar medidas de acción positiva y discriminación positiva, en la medida en que si bien no hay un derecho fundamental a dicho uso, sí conectan con derechos relacionables con los arts. 14, 20, 23, 24 y 27 de la Constitución. Debiendo destacar aquí la "rareza lingüística nominal" del art. 5 de la Ley 10/1982, de 24 de noviembre, básica de normalización del uso del euskera que habla de "derechos lingüísticos fundamentales", y que son: A) el derecho a relacionarse en euskera o en castellano oralmente y/o por escrito con la Administración y con cualquier Organismo o Entidad radicado en la Comunidad Autónoma. B) Derecho a recibir la enseñanza en ambas lenguas oficiales. C) Derecho a recibir en euskera publicaciones periódicas, programaciones de radio y televisión y de otros medios de comunicación. D) Derecho a desarrollar actividades profesionales, laborales, políticas y sindicales en euskera y E) Derecho a expresarse en euskera en cualquier reunión.

En nuestro caso, a la hora de identificar el *corpus* que conforma los derechos lingüísticos en España, partimos de que este no solo se decanta del bloque de constitucionalidad, sino de textos de alcance internacional como la Declaración Universal de Derechos Lingüísticos (Barcelona, 1996)[25] que parte de la necesidad de "corregir los desequilibrios lingüísticos de manera que asegure el respeto y el pleno desarrollo de todas las lenguas y que establezca los principios de una paz

---

25 Tras la Conferencia Mundial de Derechos Lingüísticos que se celebró en Barcelona del 6 al 9 de junio de 1996, por iniciativa de la Federación Internacional PEN, los organizadores de la Conferencia presentaron al Director General una solicitud encaminada a obtener el apoyo de la UNESCO para contribuir a transformar la "Declaración de Derechos Lingüísticos" de Barcelona, aprobada por la Conferencia, en texto normativo que podría, en forma apropiada, ser sometido a la aprobación de la Asamblea General de las Naciones Unidas. Habida cuenta del interés de dicha Declaración, el Director General somete el texto al Consejo Ejecutivo, para atender la solicitud de los organizadores de la Conferencia de Barcelona y porque considera además que trata de una cuestión de gran importancia educativa, social y cultural, sobre la que la Conferencia General de la UNESCO ha dado su opinión en varias ocasiones https://unesdoc.unesco.org/ark:/48223/pf0000104267_spa (acceso 23 de septiembre de 2023).

lingüística planetaria justa y equitativa, como factor principal de la convivencia social". Entre otras:

Art. 1. 1. Parte del principio que los derechos lingüísticos son a la vez individuales y colectivos, y adopta como referente de la plenitud de los derechos lingüísticos el caso de una comunidad lingüística histórica en su espacio territorial, entendido este no solamente como área geográfica donde vive esta comunidad, sino también como un espacio social y funcional imprescindible para el pleno desarrollo de la lengua.

Art. 3.2. La Declaración considera que los derechos colectivos de los grupos lingüísticos, además de los establecidos por sus miembros en el apartado anterior, también pueden incluir, de acuerdo con las puntualizaciones del artículo 2.2: el derecho a la enseñanza de la propia lengua y cultura; el derecho a disponer de servicios culturales; el derecho a una presencia equitativa de la lengua y la cultura del grupo en los medios de comunicación; el derecho a ser atendidos en su lengua en los organismos oficiales y las relaciones socioeconómicas.

Artículo 15. 1. Toda comunidad lingüística tiene derecho a que su lengua sea utilizada como oficial dentro de su territorio. 2. Toda comunidad lingüística tiene derecho a que las actuaciones judiciales y administrativas, los documentos públicos y privados y los asientos en registros públicos realizados en la lengua propia del territorio sean válidos y eficaces y nadie pueda alegar el desconocimiento.

Art. 17. 1 Toda comunidad lingüística tiene derecho a disponer y obtener toda la documentación oficial en su lengua, en forma de papel, **informática** o cualquier otra, para las relaciones que afecten al territorio donde es propia esta lengua.

Sin perjuicio de su carácter de *soft law*, la Declaración es interesante por la referencia expresa a la necesidad de que toda comunidad lingüística disponga de documentación en su lengua, ya en papel o informática, pero asimismo por qué según el art. 40 " ... tiene derecho a disponer, en el campo informático, de equipos adaptados a su sistema lingüístico y herramientas y productos en su lengua, para aprovechar plenamente el potencial que ofrecen estas tecnologías para la autoexpresión, la educación, la comunicación, la edición, la traducción, y, en general, el tratamiento de la información y la difusión cultural".

Un argumento mayor para postular la garantía de los derechos lingüísticos se sitúa en el Tratado Internacional que es la Carta Europea de las Lenguas Regionales o Minoritarias (1992)[26]. El valor de Ley de la Carta y su integración en el bloque de constitucionalidad ya lo asumió la doctrina tempranamente (AGIRREAZKUENGA, 2006, OCHOA, 2006) que lo comparaba a la de otras similares como la Carta Europea de la Autonomía Local. En cambio, como señala PONS (2020: 24) la STC 56/2016, dictada en el recurso inconstitucionalidad contra la Ley 3/2013, de 9 de mayo de uso, protección y promoción de les lenguas y modalidades lingüísticas propias de Aragón, que modificó la Ley 10/2009, rechaza de manera explícita que la Carta Europea de les Lenguas Regionales o Minoritarias integre el canon de control en materia de derechos lingüísticos -en contra del argumento de los recurrentes en base al ar. 10.2 CE- al menos en el caso del conflicto. Pero lo cierto, al menos, como dice la misma resolución, pero el TC dice que: "la Carta, como tratado válidamente celebrado, se integra desde su ratificación en el «ordenamiento jurídico

---

[26] En particular es importante el art. 10 referido a las obligaciones de los Estados que la han firmado para que las autoridades administrativas y los servicios públicos tengan a disposición de la población formularios y textos, entre otros, en lenguas regionales o minoritarias o bilingües. Por la época, evidentemente, no hay ninguna referencia a medios técnicos o digitales (ni por supuesto a sistemas de actuación automatizada o de IA), pero no hay duda de que una interpretación actual de la misma lleva a admitirlo y según el mismo tenor del precepto "en la medida en que sea razonablemente posible".

interno» (art. 96.1 CE), y tiene además el valor interpretativo que le confiere el art. 10.2 CE (ATC 166/2005, de 19 de abril, FJ 4). De ahí que este Tribunal haya declarado que, aunque la «Carta no puede erigirse en canon autónomo de validez del precepto legal cuestionado, podemos sin embargo convenir en que la misma proporciona pautas interpretativas del régimen jurídico de la cooficialidad lingüística» (ATC 166/2005, de 19 de abril, FJ 5). Pero los criterios hermenéuticos que puede aportar este tratado internacional solo pueden tener la eficacia que la propia Carta determina. En consecuencia, no cabe deducir para el caso de las lenguas propias que no tienen la consideración de oficial la aplicabilidad inmediata de las obligaciones de la parte III de la Carta, incluidas las contenidas en el art. 10 de la Carta Europea de las lenguas regionales o minoritarias, ni, por tanto, puede reconocerse, en relación con este tipo de lenguas, que dichos preceptos tengan el mismo valor interpretativo que tienen respecto las lenguas que los Estatutos de autonomía reconocen como oficiales".

Pero hay que recordar que la lengua es un presupuesto formal de la actividad administrativa, esencial para externalizar la voluntad (expresa) de la administración en la que se traduce todo acto administrativo, que es lo que conecta con verdaderos derechos subjetivos de los ciudadanos al uso de la lengua, y si bien no podemos hablar de los derechos lingüísticos como derechos fundamentales como se ha adelantado, sí hay que destacar que lo que identifica un derecho fundamental es que permite elegir qué hacer o qué comportamiento realizar en un ámbito de la realidad, y por eso es una garantía de posibilidades al permitir realizar cualquiera de los comportamientos posibles que encajen en su objeto (PRESNO, 2022: 123). Desde esa perspectiva, el derecho de opción lingüística tiene una connotación clara con la libertad de expresión que sí es un derecho fundamental, como facultad y por tanto, de uso discrecional mediante los que se hace valer frente a otros el permiso de producción garantizados por ese derecho. Salvando las distancias, y por poner un símil cercano si hay una serie de derechos lingüísticos que dimanan del Ordenamiento Jurídico, en sus garantías y facultades no debe haber fisuras ni excepciones, en cuanto al ecosistema en el que se ejercen ante las Administraciones Públicas, sea analógico o digital. Como ocurre en el caso de los servicios públicos, que ya se presten directa o indirectamente a través de alguna de las figuras de Ley 9/2017, de 8 de noviembre, de Contratos del Sector Público (LCSP), no debe haber merma en cuanto a las garantías del derecho a usar la lengua propia distinta del castellano, para lo que llegado el caso cabría como garantía exigir una contratación pública lingüísticamente responsable o cláusulas lingüísticas en la contratación del sector público (AMOEDO, 2018, OCHOA, 2022). Lo que conectaría con la posible licitación de sistemas digitales que pudieran ser usados en actuaciones automatizados, de inteligencia artificial o en las tecnologías del lenguaje, que deberían respetar los derechos lingüísticos si van a ser utilizados por la Administración en sus relaciones con la ciudadanía. La cobertura de esto la daría una contratación pública estratégica o contratación pública socialmente responsable en el marco de la Ley 9/2017, de 8 de noviembre que alcanzaría también a que si se precisasen sistemas para la toma de decisiones administrativas, de robots o asistentes para relacionarse con la ciudadanía mediante tecnologías del lenguaje, la contratación de estos recursos, el producto que se licitara (y se obtuviese) no debería ir en merma de las garantías de los derechos lingüísticos de la ciudadanía lo que se deberá definir en el pliego del contrato[27]. Ahí, junto a la LCSP una norma más incisa es la Ley 18/2018, de 13 de julio, de Fomento de la Responsabilidad Social en la Comunidad Valencia exige que las administraciones públicas incluyan

---

27 CERRILLO (2021). Y el interesante análisis de BERNING (2023: 179).

en la contratación pública cláusulas de responsabilidad social y de transparencia, bien como criterios de adjudicación o como condiciones especiales de ejecución, en los pliegos de cláusulas administrativas particulares, entre ellas "cláusulas lingüísticas no discriminatorias relativas al uso del valenciano durante la ejecución de los contratos, de conformidad con lo dispuesto en la normativa aplicable. Con la certeza de que "si lengua y poder van intrínsecamente unidos" (GISBERT, 2020: 14), la referencia económica de la contratación pública y el manejo de recursos públicos en la contratación puede ser reflejo de si dicho poder de gasto va unido a la visualización de las lenguas regionales o minoritarias en la contratación pública.

La exigencia de cláusulas lingüísticas vinculadas al objeto del contrato, y al hecho de si la persona (natural o jurídica) que es seleccionada en un procedimiento contractual y/o el personal a su servicio que ejecuta el contrato, deba garantizar el derecho al uso (y en su caso atendimiento) en una lengua oficial distinta del castellano (más allá de su empleo -no problemático- como lengua del procedimiento que posibilita el art. 15 de la Ley 39/2015, de 1 de octubre) se debe extender a otros casos de colisión posibles, lo que en la Comunitat Valenciana tiene un soporte importante en el Decreto 118/2022, de 5 de agosto, del Consell, por el que se regula la inclusión de cláusulas de responsabilidad social en la contratación pública y en las convocatorias de ayudas y subvenciones, vigente ya desde el 16 de mayo de 2023, una vez acabada la *vacatio* del mismo Decreto y de la del Decreto-Ley 15/2022, de 11 de noviembre, del Consell.

Con todo, como señala AMOEDO (2023: 7):

> "tras cuarenta y cuatro años de vigencia de la Constitución de 1978, las inercias de toda una pléyade de reglas jurídicas destinadas a entorpecer, cuando no impedir, el uso administrativo de las lenguas cooficiales (incluidas las reglas constitucionales del artículo 3 CE, tal y como han sido interpretadas por el Tribunal Constitucional) siguen extendiendo hasta hoy sus

> efectos, perpetuando una lógica diglósica a favor de la lengua dominante, el castellano, que afecta a muy variados escenarios jurídico-administrativos. Y el campo de la contratación pública es uno de ello".

En suma, se esté en un ecosistema analógico o digital no debe haber merma en la garantía de los derechos lingüísticos por el hecho de que la administración actúe con medios técnicos que, en todo o en parte, coadyuven a la producción de actos administrativos electrónicos, con sistemas automatizados o de IA en la relación de aquella con la ciudadanía. Todo ello sin perder de vista el salto exponencial de las tecnologías del lenguaje y la inteligencia artificial que abren nuevas perspectivas a diseños de atención a la ciudadanía de las administraciones que, aprovechando sus potencialidades, multipliquen las opciones lingüísticas disponibles, si se destinan recursos y se diseñen herramientas apropiadas, un instrumento para contar con Administraciones multilingües, tanto en los territorios con lenguas propias como para la atención, por parte de la Administración General del Estado y las instituciones centrales, a la ciudadanía que habla otras lenguas oficiales (NOGUEIRA, 2023: 2).

3. LA REDEFINICIÓN DE LOS DERECHOS LINGÜÍSTICOS POR EL "EQUILIBRIO INEXCUSABLE" ENTRE LENGUAS OFICIALES

En ese haz que conforman los derechos lingüísticos hay una repercusión (negativa) que trae causa de la STC 31/2010, de 28 de junio sobre el Estatuto de Cataluña[28], y la que la ha seguido que ha derivado en un evidente empuje regresivo por

[28] La bibliografía es abundantísima y el referente es sin duda la *Revista de Llengua i Dret*. Entre muchos, MILIAN I MASSANA (2021), RIDAO MARTÍN (2014).

parte de la jurisprudencia y de algunos legisladores. En una más que probable y clara involución jurisprudencial que ha sido calificado, con acierto, como un nuevo canon de constitucionalidad o nuevo paradigma (URRUTIA, 2021: 22). Y es que, sin ánimo de analizar la repercusión que ha tenido en materia de derechos lingüísticos la citada sentencia, es este el referente claro que permite afirmar la clara involución jurisprudencial en materia de normalización lingüística. Con aquella y otras decisiones jurisprudenciales a la postre se hace bueno lo que dijera la doctrina de que el régimen lingüístico en España se asienta sobre el principio implícito de jerarquía lingüística con arreglo al cual se ha entrado en una especie de devaluación de las lenguas oficiales que no sean el castellano (TASA y BODOQUE, 2109: 49). Y no hay duda de que esto es así en muchas de las decisiones judiciales que han afectado los derechos lingüísticos, especialmente, en la Comunidad Valenciana, con una interpretación cada vez menos favorable al acervo lingüístico que cabría derivar del bloque de constitucionalidad tras años de legislación e interpretación judicial consolidada favorablemente (con altibajos, ciertamente) hacia un modelo de diversidad lingüística que explota tras la STC 31/2010. En efecto, bajo la doctrina del "equilibrio inexcusable" entre las lenguas oficiales que asume también la STC 11/2018, de 8 de febrero, nos situamos en un momento en donde el principio de regulación de la cooficialidad lingüística no puede ya imponer la primacía de una de las lenguas oficiales en relación con otra, ni suponer una postergación o menoscabo de alguna de ellas.

Esto luce con contundencia con la STC 11/2018, de ocho de febrero (y antes con las SSTC 86/2017 , FJ 6 ; 87/2017, FJ 11 , y 88/2017, FJ 5, todas ellas de 4 de julio) la cual asume "...el principio de que la regulación de la cooficialidad lingüística no puede imponer la primacía de una de las lenguas oficiales en relación con otra, ni suponer una postergación o menoscabo de alguna de ellas. Por tanto, la cooficialidad ha de sujetarse a un patrón de equilibrio o igualdad entre lenguas, de forma que en ningún caso ha de otorgarse prevalencia o preponderancia de una lengua sobre otra….. Uno de tales límites es que las medidas adoptadas no han de afectar a la preservación del equilibrio entre las lenguas cooficiales, que impide atribuir carácter preferente a ninguna de ellas, lo que es aplicable tanto en un entorno analógico como digital ni de inteligencia artificial o actividad administrativa automatizada. Por esto, como asumiera la STC 165/2013 (Fº Jº 5) "desde la perspectiva constitucional, el ejercicio de la potestad legislativa en materia lingüística encuentra sus límites en la necesaria preservación de la garantía de uso normal de las lenguas cooficiales y en la prohibición de medidas excluyentes, peyorativas o desproporcionadas que impliquen un desequilibrio para alguna de las lenguas oficiales".

Por otra parte, como se sabe, la STC 31/2010 privó de relevancia jurídica a la noción de lengua propia e impuso de forma categórica como nuevo parámetro constitucional, con poco margen para la ponderación este "equilibrio inexcusable entre dos lenguas igualmente oficiales ya que en ningún caso pueden tener un trato privilegiado"[29]. La cooficialidad dice la jurisprudencia ha de sujetarse a un patrón de equilibrio o igualdad entre lenguas, de forma que en ningún caso ha de otorgarse prevalencia o preponderancia de una lengua sobre otra quizás puede ser útil para reclamar esa igualdad a la hora del uso de la IA o de la actuación automatizada en las Administraciones Publicas. Ya que, si un límite es que las medidas adoptadas no han de afectar a la preservación del equilibrio entre las lenguas cooficiales, que impide atribuir carácter preferente a ninguna de ellas podría pensarse en que sistema garantice esa igualdad. Ahora bien, si en el caso de una actuación formalizado eso no es problemático, en cambio la mejor doctrina ha afirmado que en la IA o el uso de

---

[29] ARZOZ SANTISTEBAN (2020:45).

algoritmos sería más complicado. Pues si no cabe hacer una preferencia, lo que siempre será en el caso de los algoritmos que deben establecer un criterio en todo caso, una opción con el perfil lingüístico del usuario y la lengua que se puede prever sea la elegida (BOIX: 2023: 110) chocaría frontalmente con la jurisprudencia que seguimos.

En todo caso, la interpretación constitucional supone una ruptura a la baja sobre el régimen consolidado hasta entonces de la oficialidad lingüística, que condiciona y permite interpretaciones claramente regresivas dificultando lo que es un interés general claro, que deriva de la normativa aplicable como es el cumplimiento de la plena igualdad entre lenguas oficiales, corolario de toda política de normalización lingüística. Poco margen habrá de corregir ese desequilibrio, sin duda existente, entre lenguas oficiales (y de conseguir que la lengua oficial no castellana esté en igualdad plena con esta). Si seguimos la STC 11/2018, de ocho de febrero que se ratifica en iguales principios que la STC 31/2017 al decir que (F.J. 4): "....las medidas para garantizar el respeto y protección de la lengua propia tienen límites pues ha de admitirse el riesgo de que las disposiciones que adopten las Comunidades Autónomas pueden afectar al uso de la otra lengua cooficial y, de este modo, a la ordenación del pluralismo lingüístico que garantizan la Constitución y los respectivos Estatutos de Autonomía. Así pues, el fomento y promoción del aranés en todos los ámbitos, como medida de política de normalización de una lengua minoritaria está sometido a límites. Uno de tales límites es que las medidas adoptadas no han de afectar a la preservación del equilibrio entre las lenguas cooficiales, que impide atribuir carácter preferente a ninguna de ellas".

La STC 31/2010, de 28 de junio, alteró aspectos claros hasta entonces respecto a lo que era la oficialidad lingüística y sus derivaciones (BOIX, 2023: 112) en diversos ámbitos como el educativo o los usos lingüísticos ante las administraciones públicas (RIDAO, 2014: 75). Todo lo cual, como ya se ha visto, puede afectar al marco de una actuación administrativa automatizada o un sistema de IA. Si con independencia del entorno (analógico o digital) no cabe imponer la primacía de una de las lenguas oficiales en relación con otra, ni un menoscabo de alguna si la cooficialidad ha de sujetarse a un patrón de equilibrio o igualdad, la reciente doctrina parte de la base de que no hay que hacer nada que suponga establecer una preferencia entre lenguas, pensando en un modelo en que las decisiones pueden hacerse depender de la interacción humana de cada caso, pero es imposible de mantener este equilibrio cuando se emplea inteligencia artificial o algoritmos que sí o sí han de establecer un criterio en consecuencia una preferencia de algún tipo (BOIX, 2023: 110), como se dijo.

A la postre, lo que la última jurisprudencia ha consagrado, se insiste, es una clara involución en cuanto a la protección de los derechos lingüísticos que quizás se pueda superan en cierta forma con la misma STC 31/2010 que acotó unos límites expresos a estas políticas lingüísticas autonómicas, reconducidos genéricamente a que caben medidas «adecuadas y proporcionadas [...] tendentes a corregir, de existir, situaciones históricas de desequilibrio de una de las lenguas oficiales respecto de la otra». Y por ello, el legislador puede adoptar medidas de política lingüística tendentes a corregir eventuales situaciones de desequilibrio entre las lenguas cooficiales "de existir", lo que no será difícil de probar ante la asimetría entre el castellano y otras lenguas oficiales si se mide en criterios de uso, de implantación social, de recursos lingüísticos, en suma. En efecto para RUIZ VIETEZ (2005):

> "el principio de igualdad material legitima y obliga a los Estados a la adopción de medidas de discriminación positiva en favor de determinadas lenguas o grupos lingüísticos, básicamente en situación minoritaria o amenazada, con independencia de su estatuto legal oficial. Pero a su vez, el reconocimiento de oficialidad de una lengua minoritaria o amenazada puede constituir el instrumento máximo de una política protectora de dicha lengua. Pero la condición oficial

> no elimina su carácter de lengua amenazada o minoritaria y, por tanto, destinataria de medidas positivas. En cambio, las lenguas mayoritarias o en proceso de expansión lingüística, normalmente en situación de oficialidad[30], no precisarían de la adopción de medidas encaminadas a asegurar su igualdad material con las restantes lenguas".

Todo esto cuando es obvio, se insiste, en que hay una desigualdad entre las lenguas cooficiales, que tiene poco margen de periclitarse según el criterio de la jurisprudencia dominante actualmente. En cambio, la STC 56/2016, de 17 de marzo que resuelve el recurso de inconstitucionalidad interpuesto contra la Ley de Cortes de Aragón 3/2019, de 9 de mayo de uso, protección y promoción de las lenguas y modalidades lingüísticas propias de Aragón dirá que "la Constitución «no se opone a la adopción de una política enfocada hacia la defensa y promoción de la lengua cooficial. Muy al contrario, la Constitución se refiere a la necesidad de proteger y respetar las distintas modalidades lingüísticas de España como parte de nuestro patrimonio cultural (art. 3.3 CE)» (STC 88/2017, de 4 de julio, FJ 5). Ahora bien, en relación con la necesidad de protección y respeto de las distintas modalidades lingüísticas, no son pocas las ocasiones en que este tribunal ha sostenido que no es conforme con la Constitución otorgar normativamente preferencia en el uso por parte de los poderes públicos a una lengua oficial con relación a otras que también los son, esto es, establecer normativamente un trato prioritario en favor de alguna de las lenguas cooficiales". Y esta sigue siendo la cuestión de fondo: la de sí después de todos estos años de normalización lingüística, los regímenes territoriales resultantes han logrado una igualdad jurídica sustancial entre la lengua castellana y lenguas propias que no sea el castellano, y no hay duda que la respuesta es negativa en razón a la no simetría que

---

[30] Como el castellano.

caracteriza el régimen de cooficialidad lingüística en las comunidades autónomas (SEGURA GINARD, 2017: 7).

La doctrina del TC lleva en último término a una hiperigualdad formal de las lenguas oficiales, que siempre podrá llevar a ver (y a argumentar para una hipotética anulación judicial) que las medidas de fomento o regulación de las lenguas oficiales distintas del castellano adoptadas por las Comunidades Autónomas, de las medidas en suma que se adopten en materia de normalización lingüística puedan verse como "excluyentes, peyorativas o desproporcionadas si implican un desequilibrio para alguna de las lenguas oficiales", pues va de suyo que toda regulación del gallego, euskera y valenciano/catalán afectará al castellano. Y esto con independencia del entorno para el que se prevé, analógico o digital, si con alguna de ellas, por ejemplo el Decreto 61/2017, de 12 de mayo, del Consell, por el que se regulan los usos institucionales y administrativos de las lenguas oficiales en la Administración de la Generalitat Valenciana, como así se interpretó por el Tribunal de Justicia de la Comunitat Valenciana[31] anulado en buena medida por

31 El citado Decreto 62/2017 dio lugar a múltiples recursos y decisiones, SSTSJCV 319/2018, de 17 de julio, 322/2018, 330/2018 i 333/2018, todas de 19 de julio que acabaron en otros tantos recursos que, reconociendo interés casacional, no anularon las sentencias del TSJCV. Con todo, anulada la "preferencia" del valenciano en los artículos del citado Decreto (art. 4, 10 y 16) el Tribunal valenciano nada dijo respecto del derecho de uso como primera opción del valenciano del art. 17: en los sistemas telefónicos o telemáticos automatizados de información, auto venta, expedición de documentos y análogos, o del art. 19, según el cual los contenidos de titularidad de la Administración de la Generalitat en internet, intranet y redes sociales se deberán poder consultar por lo menos en valenciano y en castellano, por este orden; y si el medio lo permite, en otra lengua de comunicación internacional. En cualquier caso, la página de inicio de la web será en valenciano. Si la red social solo permite el uso de una lengua, los contenidos se redactarán o emitirán en

establecer un desequilibrio o preferencia de una de las lenguas oficiales respecto de la otra, subsanando.

Pero en todo caso, para concluir, asumimos que es la normalización lingüística el fundamento que justificará el tratamiento diferenciado o la excepción al tratamiento equilibrado y no el criterio de la lengua propia los eventuales tratamientos asimétricos que deben contar con una justificación razonable y objetiva, en tanto excepciones al criterio de igualdad. El cambio de racionalidad es evidente, pues de otorgar un tratamiento específico al uso de la lengua propia pasamos a una situación en la que el tratamiento distinto entre lenguas solo se admite en tanto la igualdad entre las lenguas oficiales resulte efectiva (URRUTIA, 2021: 23). Pero si no toda regulación normativa es ya posible, máxime si comporta una "situación peyorativa", quizás también se pueda mantener que no valen acciones normativas si estas son regresivas para la lengua cooficial minorizada y no se atiende aquel mandato de igualdad. Lo que no debe pasar por alto que en toda acción o función administrativa, en materia de normalización lingüística la intervención

---

valenciano. El art. 11 también se estimó conforme a Derecho: 1. El material de ofimática, tanto el hardware como el software, de uso en la Administración de la Generalitat deberá estar adaptado, siempre que sea posible, para que funcione en valenciano. 2. El software que elabore directamente la Administración de la Generalitat o que se elabore por encargo a un tercero se creará en valenciano, sin perjuicio de que, con posterioridad, se puedan adaptar los programas al castellano o a otras lenguas.

En cambio como se ha dicho, fue declarado nulo el art. 16. Atención a la ciudadanía.

1. El personal de la Administración de la Generalitat que atiende directamente a la ciudadanía iniciará en valenciano la comunicación, sin perjuicio del derecho que tienen las personas a ser atendidas en cualquiera de las lenguas oficiales. 2. La atención regulada en este artículo comprende la presencial y también la telefónica o telemática.

pública debe atender a la satisfacción del interés general o, mejor de los intereses generales en los que se proyecta la regulación de una lengua oficial distinta del castellano, lo que *grosso modo* conforma uno de los derechos lingüísticos. Desde ahí, no hay una discrecionalidad fuerte a la hora de adoptar diversas opciones regulatorias si no atienden a los principios u objetivos de toda acción de normalización lingüística que no es más que la que deriva, entre otros, del art. 1.1 d) de la Ley 1/1998, de 7 de enero, de Política Lingüística de Cataluña (LPL) que afirma que uno de los objetos de la misma es "asegurar la extensión del conocimiento del catalán a todos los ciudadanos y ciudadanas", por lo que hay un deber de remover los límites para una plena normalización lingüística que va de suyo en el art. 1.3 según el cual "es también un objetivo de la presente Ley alcanzar la igualdad en lo que se refiere a los derechos y deberes lingüísticos de los ciudadanos, con la promoción de las acciones necesarias y la remoción de los obstáculos que hoy la dificultan". Todo ello con el objeto de garantizar los derechos lingüísticos[32].

En suma, si los poderes públicos no pueden dejar de atender las exigencias del legislador (art. 5 LPL) en cuanto a conseguir "la igualdad plena de los ciudadanos y ciudadanas en cuanto a derechos y deberes lingüísticos, en todos los ámbitos", no hay duda de que esa igualdad jamás se alcanzará con retrocesos legislativos y/o interpretaciones jurisprudenciales que la dificulten. A la postre la STC 165/2013, recaída sobre la Ley 9/2012, de 19 de julio, de modificación de la Ley 3/2007, de

---

32 Para el art. 4 LPL son: a) Conocer las dos lenguas oficiales. b) Expresarse en cualquiera de las dos lenguas oficiales, oralmente y por escrito, en las relaciones y actos públicos y privados. c) Ser atendidas en cualquiera de las dos lenguas oficiales en los términos que la presente Ley establece. d) Utilizar libremente cualquiera de las dos lenguas oficiales en todos los ámbitos. e) No ser discriminadas por razón de la lengua oficial que utilizan.

27 de marzo, de la Función Pública de la Comunidad Autónoma de las Islas Baleares, que rebajó el nivel de conocimiento del catalán (dejando de ser un requisito para ser un mérito) valida que el legislador puede cambiar las políticas de defensa y promoción de la lengua propia sobre la base de la apreciación, principalmente en la exposición de motivos de la Ley Baleares... , y del hecho de que se parta de que ya se ha conseguido la normalidad en el ámbito administrativo (SEGURA 2017: 16). Pero era esta una afirmación irrazonable que choca con lo que se desprende, entre otras de la STC 200/2001, de 4 de octubre (Fº Jº 4):

> "La virtualidad del art. 14 CE no se agota, sin embargo, en la cláusula general de igualdad con la que se inicia su contenido, sino que a continuación el precepto constitucional se refiere a la prohibición de una serie de motivos o razones concretos de discriminación.
>
> Esta referencia expresa a tales motivos o razones de discriminación no implica el establecimiento de una lista cerrada de supuestos de discriminación (STC 75/1983, de 3 de agosto, FJ 6), pero sí representa una explícita interdicción de determinadas diferencias...
>
> Al respecto tiene declarado que, a diferencia del principio genérico de igualdad, que no postula ni como fin ni como medio la paridad y sólo exige la razonabilidad de la diferencia normativa de trato, las prohibiciones de discriminación contenidas en el art. 14 CE implican un juicio de irrazonabilidad de la diferenciación establecida *ex costitutione*, que imponen como fin y generalmente como medio la parificación, de manera que sólo pueden ser utilizadas excepcionalmente por el legislador como criterio de diferenciación jurídica, lo que implica la necesidad de usar en el juicio de legitimidad constitucional un canon mucho más estricto, así como un mayor rigor respecto a las exigencias materiales de proporcionalidad (SSTC 126/1997, de 3 de julio, FJ 8, con cita de las SSTC 229/1992, de 14 de diciembre, FJ 4 ; 75/1983, de 3 de agosto, FFJJ 6 y 7 ; 209/1988, de 10 de noviembre, FJ 6). También resulta que en tales supuestos la carga de demostrar el carácter justificado de la diferenciación recae sobre quien asume la defensa de la misma y se torna aún más rigurosa que en aquellos casos que

quedan genéricamente dentro de la cláusula general de igualdad del art. 14 CE, al venir dado el factor diferencial por uno de los típicos que el art. 14 CE concreta para vetar que en ellos pueda basarse la diferenciación, como ocurre con el sexo, la raza, la religión, el nacimiento y las opiniones (STC 81/1982, de 21 de diciembre, FJ 2)". Pues bien, nada obsta que partiendo de la incuestionable desigualdad entre lenguas cooficiales sea fácilmente demostrable la necesaria adopción de medidas d protección de los derechos lingüísticos, sin que puedan ser vista como excluyentes o desproporcionadas, para lo cual bastaría un mero aporte de datos sociolingüísticos sobre el uso de las lenguas cooficiales, datos, informes, argumentos en suma que es lo que en nada tiene en cuenta la STC 165/2013, para admitir sin más lo que dijo el legislador de que "ya se ha conseguido la normalidad en el ámbito administrativo" (sic), en el caso del catalán en las Islas Baleares, pues admite como válido que esta "nueva configuración del requisito lingüístico en la estructura de su función pública, se sitúe en la amplia implantación del conocimiento del catalán en la función pública del ámbito territorial... ".

Pero "en el ámbito de control de constitucionalidad en el que nos encontramos, debemos observar, una vez más, que en un plano hay que situar las decisiones políticas y el enjuiciamiento político que tales decisiones merezcan, y en otro plano distinto la calificación de inconstitucionalidad, que tiene que hacerse con arreglo a criterios estrictamente jurídicos, como ya se expresara en nuestra STC 11/1981, de 8 de abril, FJ7. Desde esta estricta perspectiva jurídico-constitucional, la opción de política legislativa aquí enjuiciada de conformar una función pública donde no sea necesario genéricamente el requisito lingüístico de la lengua propia no implica necesariamente una posición subordinada de esta lengua..... puesto que, como se ha subrayado, la medida preserva la garantía bidireccional del uso de la lengua propia entre Administración y ciudadanos a través de un amplio abanico de puestos de trabajo para cuyo acceso y provisión es necesario el requisito lingüístico... ".

Sentencia en la que hay un interesante voto particular que firma la magistrada Adela Asua Batarrita, según el cual:

> "la ley impugnada expresa un cambio de política lingüística, que traduce una clara voluntad de atemperar, frenar e incluso reconducir el proceso de normalización lingüística de la lengua catalana en las Illes Balears. Lo cual no significa que todas las medidas incluidas en la ley impugnada resulten por ello necesariamente inconstitucionales.
>
> La Constitución y el Estatuto de Autonomía definen el marco jurídico al que debe someterse el legislador autonómico, y no al revés. El Estatuto de Autonomía es la norma jurídica que ordena el proceso de normalización lingüística. Tras la reforma de 2007, y pese a diversas iniciativas realizadas en este ámbito, el Estatuto de Autonomía de la Comunidad Autónoma de las Illes Balears sigue proclamando en términos similares a los de antes la necesidad de normalizar la lengua propia, y parte del entendimiento de que todavía no se ha llegado a la igualdad plena de las dos lenguas en cuanto a garantizar el derecho a su uso normalizado por los ciudadanos".

Para acabar asumiendo, en lo que coincido plenamente, que:

> "La mayoría del Tribunal incurre, a mi juicio, en un segundo desacierto en la construcción del canon de constitucionalidad aplicable. Analiza la constitucionalidad de la ley impugnada desde la perspectiva de la «infracción de los límites derivados de la consideración del catalán como lengua propia», en línea con la STC 31/2010, de 28 de junio (FJ 14). Esta no es, en mi opinión, la perspectiva correcta desde la que debe examinarse la legislación impugnada, pues el legislador autonómico no opta precisamente por otorgar a la lengua propia un régimen de mayor protección o de preferencia frente al castellano, por lo que la cuestión no es si se excede de los límites. Por ello, la aplicación de dicho canon está completamente fuera de lugar. Se trata, por el contrario, de analizar si la opción del legislador autonómico de suprimir el requisito general de conocimiento de la lengua propia en el acceso a la función pública es o no conforme con el marco constitucional y estatutario.
>
> ....
>
> El derecho de los ciudadanos de las Illes Balears a dirigirse a la Administración de la Comunidad Autónoma en cualquiera de sus dos lenguas oficiales y a recibir respuesta en la misma lengua utilizada no se garantiza únicamente mediante los

servicios de información y atención al público, sino que es preciso que los distintos servicios de la Administración autonómica y local, sobre todo –aunque no únicamente– los que se ocupan de las actividades de gestión más frecuentes para los ciudadanos, cuenten con suficientes empleados públicos con la debida capacitación lingüística en las dos lenguas oficiales de la Comunidad Autónoma. Teniendo en cuenta que se trata de una supresión prácticamente total del requisito general previo de un cierto nivel de conocimiento de la lengua propia, sorprende la conclusión de la mayoría de que el sistema establecido por el legislador garantiza el derecho estatutario a utilizar la lengua propia.

La circunstancia de que el conocimiento de la lengua propia esté ampliamente implantado en la Administración o en la sociedad balear.... se trata de una cuestión fáctica que no es propiamente relevante para nuestro control abstracto y que, en todo caso, debería haber propiciado la perspectiva opuesta a la que ofrece la norma autonómica impugnada, pues la necesidad de garantizar la efectividad del derecho a usar la lengua propia es más acuciante cuanto más ciudadanos la conocen. De cualquier forma, ello no resuelve el problema constitucional planteado, que es, vuelvo a insistir, el de la garantía de los derechos lingüísticos de los ciudadanos".

Igual de razonable es el voto particular del Magistrado Juan Antonio Xiol Ríos al que se adhieren los Magistrados Encarnación Roca Trías y Fernando Valdés Dal-Ré, bajo cuyo argumentos se visualiza la deriva que se sigue desde la STC 31/2010, por la mayoría del Tribunal Constitucional, ya que:

"... se concluye que las Comunidades Autónomas son titulares de la competencia en la materia; pero se quebranta la lógica cuando se da por supuesto que esta competencia permite aprobar cualquier regulación del uso de la lengua prescindiendo de la cuestión que se plantea; es decir, de las exigencias derivadas de su carácter oficial, del derecho de los ciudadanos a su utilización y del deber de las autoridades de promover su uso normal (la conclusión, formalmente correcta, se aplica a una cuestión que excede del ámbito de las premisas: falacia de la conclusión, según la célebre tipología de D. Walton).

> En todo caso, creo que raya en la arbitrariedad y no me parece compatible con el respeto que merece una lengua oficial ni con el deber de garantizar el uso normal que corresponde a las instituciones autonómicas el hecho de que, mediante una modificación copernicana del sistema anterior (que consideraba normal el uso del catalán en los procedimientos administrativos), aquellas apliquen en el ámbito de las administraciones sobre las que ejercen competencias un estándar de protección de la lengua insuficiente e incluso inferior al garantizado por la legislación del Estado en el ámbito de la Administración General para la misma lengua autonómica".

Como se desprende, de ahí la necesaria cita literal de estos votos particulares, la interpretación ex STC 23/2010 y la que le siguen no era la única posible, y había otras más acordes con el acervo lingüístico que se había ido decantado hasta justo ese momento de rompimiento total del *status quo.*

Capítulo 2

El impacto de la tecnología en la actividad administrativa

1. LOS MEDIOS TÉCNICOS Y SUS EFECTOS EN LA ACTIVIDAD ADMINISTRATIVA

Son abundantes las aportaciones que se han ocupado de la irrupción que los nuevos medios técnicos o tecnológicos han tenido (o tienen) tanto en la actividad de gestión de las administraciones públicas como en la relación de éstas con los particulares, es decir, tanto en la vertiente interna como externa del obrar administrativo, en la actividad administrativa formalizada o no[33]. En efecto, quedan ya superadas (pero tienen un valor entrañable) las loas que se hicieron a los blocs,

---

[33] A título de ejemplo, y sobre la preocupación desde siempre por los nuevos instrumentos de gestión en la Administración ligados al uso de nuevas técnicas sigo el relato histórico que puede verse en (OCHOA, 2000) que evito reiterar *in totum.* Destacable son a pesar del tiempo, ROLDÁN CASAÑE, Benito, "El modelo cibernético y el estudio de las organizaciones", *Documentación Administrativa,* nº 30, 1960, pag. 7 y ss.; CONTRERAS MADRAZO, Manuel, "Los equipos de fichas perforadas como instrumento de administración", en *Documentación Administrativa,* nº 51, 1962, pag. 37 y ss.; MILHAUD, Jean "La Administración ante los modernos métodos de gestión", *Documentación Administrativa,* nº 100, 1966, que ya hablaba de cibernética y Administración (pag. 157 y ss.); VALERO TORRIJOS (2000), GARCÍA RUBIO (2003), PUNZÓN MORALEDA (2005). Una evolución sobre la incorporación de medios técnicos, en MARTÍNEZ GUTIÉRREZ (2006) pp. 47-57.

lapiceros, gomas de borrar, correctinas de clisés y al papel carbón como elementos reputados en su día imprescindibles en una mesa de trabajo[34], y a otros que se desvanecieron como el fax. Lo que no empaña el énfasis que hace años se puso en la revolución de las tecnologías de la información y las comunicaciones para asumir que se entraba en una nueva era, denominada a veces de la postinformación; de la información en su fase de Infolítico Superior, o más frecuentemente "sociedad de la información"[35]. Lo que vino a caracterizar todas estas denominaciones en la llamada sociedad cibernética o informatizada era que se supera la exclusividad del papel *ad solemnitatem* como soporte documental sin que ello afectara a la validez de las comunicaciones entre la Administración y la ciudadanía[36].

Analizar ahora lo que se espera de la revolución del *big data* o de los sistemas de inteligencia artificial supondría que referencias a aportaciones del pasado sobre el impacto tecnológico apareciesen hoy chocante en cuanto a los parabienes hechos a su empleo en la actividad administrativa, mientras que otros aparecerían, en cambio, como sumamente adelantados[37].

---

34 LIEBANA RAMÍREZ (1964: 85).

35 DAVARA RODRÍGUEZ (1996), que la sitúa a principios de la década de los noventa, emergiendo de la simbiosis de la informática con las comunicaciones. Del mismo autor pueden verse también numerosos aspectos que aquí interesan, en su anterior *Derecho Informático*, de 1993. De esta expresión se venía hablando desde antes, por ejemplo, MARTÍNEZ DÍEZ (1984).

36 BAUZÁ MARTORELL (2002: 4).

37 HEREDERO HIGUERAS (1968) ya cuestionaba la posibilidad de extender documentos públicos con ayuda de medios mecánicos de escritura o reproducción, y exigía, una disposición de rango normativo procedente, que regulara en su totalidad las cuestiones relacionadas con los ordenadores electrónicos en la Administración.

Hoy en día es la computación y la automatización administrativa enmarcada en un contexto de continua mejora de las aplicaciones basadas en inteligencia artificial el tema más central en el estudio, la reflexión de administrativistas y de gestores públicos (CAPDEFERRO, 2020)[38], lo que alcanza al modelo actual de gestión administrativa (interna) y relacional con el uso de la inteligencia artificial y la robótica (RAMIÓ, 2019). La digitalización y el uso de la inteligencia artificial constituyen en estos momentos el principal factor de cambio o innovación tanto en el ámbito privado como en la actividad administrativa, del que se esperan grandes avances en términos de eficacia y eficiencia (HUERGO LORA, 2021). Esto no extraña, pues el impacto tecnológico sobre los sistemas organizativos -y la Administración lo es- es algo notorio que apenas merecería de comentario, lo que es predicable de la mayor parte de los fenómenos técnicos desde la máquina de escribir a los ordenadores electrónicos[39], en la medida en que la revolución tecnológica ha tenido desde hace tiempo eco en la perspectiva interna pero también para modular las relaciones de los distintos órganos administrativos con los ciudadanos[40].

---

38 Es básico, entre la proliferación actual de trabajos el número 50 de la *Revista General de Derecho Administrativo* (enero de 2020). O el número 100 de 2022 de la Revista *El Cronista del Estado Social y Democrático y de Derecho*. Además de CERRILLO y PEGUERA (2020), MIRANZO DÍAZ (2023).

39 La cita la tomamos casi en su totalidad de NIETO (1976). Un estudio más reciente, entre muchos, en PUENTES COCIÑA, Beltrán y QUINTIÁ PASTRANA (2019). Antes, DE LA QUADRA SALCEDO, Tomás y PIÑAR MAÑAS, José Luis (2018). LLANO ALONSO y GARRIDO MARTÍN (2021).

40 MARTÍN DELGADO, Isaac, "Las notificaciones administrativas electrónicas", en PUNZÓN MORALEDA, cit., pag. 171.

Recientemente se ha afirmado que estamos ante la Cuarta Revolución Industrial[41], en donde se incluyen los robots[42], los sistemas de inteligencia artificial y el *big data*, el *blockchain* o el internet de las cosas (IoT)[43]. Visto este como el hecho de que "los objetos tengan conexión a Internet en cualquier momento y lugar" o en un sentido más técnico en la integración de sensores y dispositivos en objetos cotidianos que quedan conectados a Internet a través de redes fijas e inalámbricas (PUYOL MONTERO, 2018: 318). Ahí, esa conexión exige un lenguaje por parte del emisor que deba entender el aparato u objeto receptor que se conecte a Internet, lo que enlaza con lo que veremos en el Capítulo Tercero y la necesidad de que haya el mayor número posible de recursos lingüísticos en lenguas que no tengan presencia predominante en internet o en el *big data*, entre los que se encuentran no solo las lenguas oficiales en España distintas del castellano, sino también éste.

Pero no hay duda de que la Administración no puede equipararse sin más a las organizaciones privadas[44] y extrapolar a ésta i*n totum* los resultados de las innovaciones tecnológicas, ya que existen principios que rigen la actividad administrativa, como el de legalidad, que no son propios en otros casos. El reconocimiento formal por ello de ciertos medios de relación o de actuación con los ciudadanos debe ser sopesado con el resto de las reglas del ordenamiento, lo que obviamente no es

---

41 RIVERO ORTEGA (2023), CAPDEFERRO VILLAGRASSA (2020). SARASÍBAR IRIARTE (2019).

42 Un análisis global, pero con pocas referencias al marco que nos ocupa, en SÁNCHEZ DEL CAMPO (2016). Básico es RAMIÓ (2019) y las prospecciones sobre el impacto de que ahí analiza.

43 Vista como la tecnología basada en la conexión de objetos cotidianes a internet que intercambian, agregan y procesan información sobre su entorno físico para proporcionar servicios de valor añadido a los usuarios finales (BARRIO ANDRÉS, 2020: 21).

44 MARTÍN MATEO (1994: 20).

un obstáculo irremovible, pero si condiciona los logros, se dijo, en cuanto al uso de la informática en una y otra organización[45].

CAPDEFERRO (2020) afirma que la administración inteligente ya se ha empezado a construir, y presenta una promesa de grandes mejoras en la actividad administrativa y en la prestación de los servicios públicos: proactividad y personalización de estos, optimización en el uso de los recursos humanos y materiales, eficiencia y celeridad en la gestión, e incluso la consideración de más datos y posibles variables en la toma de decisiones complejas. Con todo, en su momento se dijo, en lo que coincido, que fue el art. 45 de la Ley 30/1992 el punto de partida normativo que posibilitó el desarrollo posterior del uso de las TIC en las Administraciones Públicas y su impulso (VALERO, 2004: 2), habiéndose referido también que su apartado tercero prohibía la informática decisional en la medida en que requería en el tráfico jurídico de un operador en forma de órgano administrativo descartando que los actos administrativos fueses elaborados y como tal notificados por sistemas expertos de inferencia lógica (BAUZÁ, 2002: 178), al decir que "los procedimientos que se tramiten y terminen en soporte informático garantizarán la identificación y el ejercicio de la competencia por el órgano que la ejerce". Y siendo ejemplo de la hoy reclamada transparencia algorítmica la antigua previsión del art. 45.4 Ley 30/1992 que recuerda la dicción del art. 16. 1 l) Ley 1/2022, de 13 de abril, de Transparencia y Buen Gobierno de la Comunitat Valenciana y la obligación de transparencia de "la relación de sistemas algorítmicos o de inteligencia artificial que tengan impacto en los procedimientos administrativos o la

---

45 En relación a la incorporación de los postulados de la calidad total en las Administraciones Públicas a través de la aplicación de los medios informáticos, electrónicos y telemáticos y las tecnologías de la información y las comunicaciones, véase también PINTO MOLINA y GÓMEZ CAMARERO (2004).

prestación de los servicios públicos con la descripción de manera comprensible de su diseño y funcionamiento, el nivel de riesgo que implican y el punto de contacto al que poder dirigirse en cada caso, de acuerdo con los principios de transparencia y aplicabilidad". Pero como señala CAMPOS ACUÑA (2019: 84), a pesar de que la normativa sobre el funcionamiento electrónico de la administración pública es de reciente aprobación no contiene prescripción alguna para conocer el procedimiento administrativo que genere el algoritmo y el código fuente de las actuaciones administrativas automatizadas.

En lo que nos ocupa, sin descender a cuestiones con sustantividad propia como que son los algoritmos, su naturaleza jurídica y la transparencia de los mismos (VESTRI, 2021, BOIX, 2022, COTINO, 2022)[46] en el sentido expresado de exigirla para aquellos que "tienen impacto en el procedimiento o la prestación de los servicios públicos", impacto que si se estima habrá que ver en cuanto condicionan el "producto" de procedimiento, del acto administrativo, dejando de lado la creación normativa (CANALS i AMETLLER, 2019). En todo caso será en el uso de estos algoritmos, esencia de la IA, cuando se precisa el uso masivo de datos, y no es baladí la lengua en la que estén y en si pueden tener algún sesgo que derive que su aplicación implica alguna afectación a los derechos, en nuestro caso los lingüísticos, como hipótesis.

En suma, hay un consenso general que apunta a la necesidad de abordar el impacto de las tecnologías en la sociedad desde una perspectiva tanto ética, como regulatoria y no solo en el derecho privado (BADILLO ARIAS, 2019: 26), sino evidentemente en el Derecho público. En donde se asume que todo ello va ligado a la misma innovación en

---

[46] Por todos el reciente y completo informe https://www.uv.es/cotino/publicaciones/informe_gvav3logos.pdf (Acceso 9 de octubre 2023).

la administración pública hasta el punto de afirmar que una Administración que no incluye en su agenda la innovación no responde a sus principios ni puede encarar los retos del siglo XXI (CAMPOS ACUÑA, 2019: 76), en lo que coincido, si ello se conecta con el principio de eficacia que no se olvide tiene un alcance constitucional. Por lo que es razonable, como se ha dicho que el uso de la IA es una opción en la organización y el procedimiento administrativo que está directamente ligado al principio de buena administración (MARTÍN DELGADO, 2023: 147: PONCE SOLÉ, 2019). Pero de allí no se deriva que la IA o la actuación automatizada, la informatización de la Administración en la prestación de servicios públicos debe ser tan eficaz y eficiente como la de las organizaciones privadas al producir bienes y servicios[47]. Lo cuestionable sería que, contando con los medios técnicos necesarios, estos no se utilizaran para el incremento de la calidad de la actividad administrativa, porque tal actuación -o inactividad mejor- atentaría frontalmente contra principios jurídicos que informan precisamente dicha actividad, como la eficacia o eficiencia. En todo caso, hay que tener en cuenta, sobre todo en los sistemas de actuación administrativa automatizada e inteligencia artificial que el receptor o destinatario de esa comunicación puede ser distinto en función de justamente esta interrelación entre los particulares y los propios y los servicios públicos (MOREU, 2020: 342), lo que tiene incidencia, precisamente, en cuanto a la lengua oficial que se pueda usar, y la necesidad de garantizar los derechos lingüísticos de la ciudadanía.

---

47 MARTÍNEZ DÍEZ (1984: 139).

2. LA ADMINISTRACIÓN DIGITAL

Para la RAE, en una de sus acepciones como se adelantó, dicho de un dispositivo o sistema, lo digital es algo que "crea, presenta, transporta o almacena información mediante la combinación de bits". Desde ahí se puede hablar con toda propiedad de administración digital[48], en la medida en que tanto en la actividad administrativa formalizada como no, la administración pública crea o genera actos administrativos electrónicos, presenta o transporta o almacena información mediante la combinación de bits. Se ha dicho también que la administración digital es hacer uso de la tecnología no solo para automatizar los procesos de las Administraciones públicas, sino también para generar valor público, por lo que la administración digital va más allá de la administración electrónica, e incluye a las nuevas tecnologías móviles, el *cloud computing*, el *big data*, los datos abiertos (CERRILLO, 2016). En cambio, para MARTÍNEZ (2021: 213) es una denominación equiparable a la de administración pública electrónica. En todo caso visto con perspectiva quizás no fuera excesiva ni retórica la Exposición de Motivos de la Ley 30/1992 al afirmar que pretendió digitalizar la actividad administrativa, abriendo un camino de modernización y agilización de la actividad de las Administraciones Públicas, transmutando tan solo las garantía de una actuación formal solo por el medio, del procedimiento administrativo analógico al procedimiento administrativo electrónico, a fin de buscar una solución puntual en un problema secular del Derecho Administrativo como "hallar el justo equilibrio entre eficacia y

---

48 La terminología es amplia, https://administracionelectronica.gob.es/pae_Home/pae_Estrategias/pae_Leyes-39-y-40-2015/materiales-ayuda/diccionario-terminos-y-conceptos-administracion-electronica.html
(Acceso 5 de octubre de 2023)

garantía"[49]. Pues el procedimiento administrativo se mantiene como garantía de la actividad administrativa, sin más que se aspiraba a una transformación de la Administración Pública tradicional basada en el binomio hombre-papel, por lo que es lógico en una Administración automatizada: la sustitución (a veces parcial) por el ordenador del elemento humano en su sentido más amplio, y en donde el medio de comunicación es el impulso eléctrico. A la postre, NEGROPONTE tenía razón, y también aquí el *bit*, la era digital llegaba y no ha parado de crecer en la actuación administrativa en un procedimiento lo que alcanzaría, se dijo en su momento, a la toma de decisiones por vía informática, a la llamada informática decisional[50], aspecto que conecta con la IA en la actividad administrativa o con la actividad administrativa formalizada.

Ahora bien, como señala la doctrina hay una cierta profusión de etiquetas que, en algunos casos son diferentes y que a veces se confunden ligadas a lo que es la inteligencia artificial, la digitalización y la automatización. Para HUERGO LORA (2021 a), la digitalización es una condición necesaria de la automatización y de la inteligencia artificial, pero no es condición suficiente en el sentido configurado en la Ley 40/2015, en la medida en que la automatización va más allá de la digitalización y sustituye al operador humano. El referente ineludible de la Ley 30/1992 propicio que la "digitalización" y la "Administración electrónica", tuviesen un destacado papel en

---

49 La referencia la tomo de GONZÁLEZ PÉREZ y GONZÁLEZ NAVARRO, *Régimen Jurídico...*, cit. pag. 182.

50 Son conocidas, desde hace años, las distintas vertientes en que puede dividirse el uso de la informática aplicada al Derecho, la llamada informática jurídica. Así, para GONZÁLEZ PÉREZ y GONZÁLEZ NAVARRO, *Régimen Jurídico...*, cit., pag. 569 y ss. Sobre los sistemas expertos, vid. el clásico de LÓPEZ GARCÍA, Juan José *Los sistemas expertos*, Textos Universitarios, Institut de Cultura "Juan Gil-Albert"-Generalitat Valenciana, Alicante, 1995.

la reforma que llevó a la aprobación de las Leyes 39 y 40/2015, y son un fenómeno muchísimo más amplio y genérico que la aplicación de la inteligencia artificial. Cualquier forma de "informatización" en la actividad administrativa puede incluirse en el epígrafe de digitalización o de Administración electrónica, aunque, de hecho, el cambio más destacado es, sin duda, el que se ha producido en la comunicación entre la Administración y los ciudadanos, con la obligación de relacionarse electrónicamente con ella, saltando a la vista que esta digitalización no incluye necesariamente a las predicciones algorítmicas ni a la inteligencia artificial. Con todo, como se ha dicho, la regulación de 2015 se sigue centrando en la actividad administrativa formalizada y, en particular, en el acto y el procedimiento administrativos como paradigmas de las garantías subyacentes (VALERO, 2019: 85).

Una cosa es el uso de medios informáticos en la actividad administrativa no formalizada como instrumentos de soporte de la acción de relación con ciudadanos o de gestión -lo que abarcaría a las relaciones entre Administraciones-; y otra es la que se produce en el seno de un procedimiento del que se derivan o pueden derivar derechos. Ahí se insertan los derechos lingüísticos y la posible afectación de estos *a priori* ya en el caso de una actividad automatizada o en el uso de la IA, con la consecuencia inherentes para evitar sesgos en el uso de los algoritmos como exige el art. 23 de la Ley 15/2022, de 12 de julio, integral para la igualdad de trato y la no discriminación[51].

---

[51] 1. En el marco de la Estrategia Nacional de Inteligencia Artificial, de la Carta de Derechos Digitales y de las iniciativas europeas en torno a la Inteligencia Artificial, las administraciones públicas favorecerán la puesta en marcha de mecanismos para que los algoritmos involucrados en la toma de decisiones que se utilicen en las administraciones públicas tengan en cuenta criterios de minimización de sesgos, transparencia y rendición de cuentas, siempre que sea factible técnicamente. En estos mecanismos se

En efecto, ya se vino a decir que la tecnología informática supone para las Administraciones Públicas la aparición de un factor nuevo para afrontar sus problemas crónicos[52], lo que se amplifica con el uso de nuevas herramientas e instrumentos que permiten una automatización de la Administración o el uso de IA. Ello implica no limitar los medios técnicos a los solos efectos del funcionamiento interno, sino abrirlos a la producción jurídica de su actividad relacionada con los ciudadanos. Con todo, a pesar de la Ley 39/2015 y la Ley 40/2015 que exigían esta digitalización, en cuya demora no entramos[53], esa pretendida modernización se ha convertido en una introducción de medios tecnológicos más que en una verdadera transformación digital que incluya herramientas como la IA, a día de hoy, como diremos. Lo que se debe poner en relación con el hecho de que todas las últimas innovaciones técnicas, y la misma IA ni están minando ni exigen

---

incluirán su diseño y datos de entrenamiento, y abordarán su potencial impacto discriminatorio. Para lograr este fin, se promoverá la realización de evaluaciones de impacto que determinen el posible sesgo discriminatorio.

2. Las administraciones públicas, en el marco de sus competencias en el ámbito de los algoritmos involucrados en procesos de toma de decisiones, priorizarán la transparencia en el diseño y la implementación y la capacidad de interpretación de las decisiones adoptadas por los mismos.
3. Las administraciones públicas y las empresas promoverán el uso de una Inteligencia Artificial ética, confiable y respetuosa con los derechos fundamentales, siguiendo especialmente las recomendaciones de la Unión Europea en este sentido.
4. Se promoverá un sello de calidad de los algoritmos.

[52] MARTÍNEZ DÍEZ (1984: 132).

[53] Como se sabe diferida por el RD-Ley 11/2018, de 31 de agosto y por el RD-Ley 27/2020, de 4 de agosto, hasta llegar al RD 2023/2021, citado. Norma que no menciona ninguna herramienta que permita la consecución de la auténtica transformación digital, pues no menciona ni el *big data*, ni la IA, ni la robótica (MENDILÍBAR, 2023).

una gran transformación de sus instituciones, pero sí puede tensionar algunos de los principios de la actuación de las Administraciones Públicas (CERRILLO, 2019).

En todo caso, para MOREU CARBONELL (2020: 325) el teléfono y la presencialidad están siendo sustituidas por la comunicación virtual y la no presencialidad que entrañan siempre una comunicación escrita, en donde la oralidad se pierde por este refuerzo en el uso de medios tecnológicos. Pero sea de la forma que fuera, se precisará el uso de una lengua oficial o una tecnología del lenguaje y bajo esos parámetros de amplificación de los recursos tecnológicos en la actividad administrativa (formalizada o no) habrá que ver cómo se emplean y si pueden tener un impacto (negativo o positivo) para con los derechos lingüísticos tal y como ahora se configuran en un entorno no digital, es decir, de las garantías ahora existentes derivadas del régimen de la oficialidad lingüística.

2.1. La actuación administrativa automatizada

El procedimiento administrativo determina no solo la legitimación de la actividad administrativa, sino la legalidad de la misma medida en las posibles nulidades o anulabilidades con arreglo a la Ley 39/2015, dejando de lado las tendencias a considerarlo, en lo que coincido, como la garantía del derecho a una buena administración como ha destacado la doctrina (PONCE, 2019, MARTÍN DELGADO, 2023). En este sentido la potencialidad del uso de medios técnicos en el mismo ha sido una constante, ya limitadamente desde el RD-Ley 1/1986, de 14 de marzo, de medidas urgentes administrativas, financieras, fiscales y laborales, pasando por la citada Ley 30/1992, la Ley 11/2007 y superada la estrecha perspectiva de utilizar la informática sólo como instrumento de gestión de la actividad interna. Tras haberse consolidado el procedimiento administrativo electrónico junto a la misma administración electrónica, por lo que el debate se decanta en cómo se va a conciliar el uso de la IA o de la actuación administrativa automatizada con las garantías consagradas en el Ordenamiento Jurídico, entre ellas las de orden lingüístico, si bien procede referir, como señala la doctrina que hay denominaciones no siempre coincidentes, pues una cosa es la actuación administrativa automatizada[54] y otra el uso de sistemas de inteligencia artificial. En efecto, no se debe confundir el significado de actuación administrativa automatizada con lo que ofrecen los algoritmos de IA que finalmente podrían converger en una decisión administrativa automatizada. En el primer caso, el mismo artículo 41.1 de la Ley 40/2015, de 1 de octubre, de Régimen Jurídico del Sector Público nos ofrece una definición de actuación automatizada, aunque, la descripción legal —cuando habla de medios electrónicos— parece hacer referencia más bien a la reforma de la Administración electrónica y no a la actuación administrativa mediante la IA. En el segundo caso, lo que importa es el alcance —y las consecuencias— de la decisión que adopta el algoritmo.

Así, es necesario distinguir entre lo que puede determinar un algoritmo instrumental y lo que podría acordar un algoritmo predictivo (VESTRI, 2019). Como señala entre otros GAMERO (2023: 404) no toda actuación administrativa automatizada es IA, pero cualquier sistema de IA utiliza procesos automatizados al menos en alguna fase, siendo que el art. 41.1 LRJSP de lo que quepa entender como tal para subsumirla "en el marco de un procedimiento administrativo", es

---

54 Son múltiples las referencias, más allá de las obras que comentan la LRJSP. Entre otras, MARTÍN DELGADO (2009). Me remito a las completas referencias doctrinales y al análisis en GAMERO (2023 b). O al trabajo de SORIANO ARNANZ (2021).

decir, para la actividad administrativa formalizada y con las exigencias de la misma LRJSP[55].

Como señalaran tempranamente ALAMILLO y URIÓS (2011), la automatización supone la desaparición de la voluntad humana *stricto sensu* y no plantea problemas por una razón doble: en primer lugar, por la habilitación legal existente para esta sustitución, y, en segundo lugar, por el hecho de que la desaparición de la voluntad humana es meramente aparente, ya que ésta se manifiesta mediante la programación que se debe confeccionar y aprobar con carácter previo a la automatización del acto de que se trate. Pero el uso de programas informáticos de procesamiento de datos en los procesos de toma de decisiones públicas y privadas no es un fenómeno nuevo (SORIANO ARNANZ, 2021: 87). Siendo todo ello más viable en el ámbito de las potestades discrecionales, y debiendo quedar excluida de todos aquellos supuestos en que haya un elemento subjetivo o una valoración en la actuación administrativa, así como una motivación más allá de aquélla que sea viable predeterminar mediante una programación concreta. Hoy, con todo, no hay acuerdo unánime en la doctrina en cuanto a la posibilidad de que una actuación administrativa automatizada pueda efectivamente dictar actos administrativos, dependiendo de si se ejercitan potestades regladas o potestades discrecionales. En todo caso, no hay que descartar el uso de la actuación administrativa automatizada para un sector de la doctrina, incluso cuando se trate del ejercicio de potestades discrecionales, en lo que se ha denominado discrecionalidad técnica o de baja intensidad por parte de MARTÍN DELGADO (2023).

No es necesario entrar en detalles o ejemplos de normas que acogen o permiten actuaciones administrativas

55 VALERO (2019).

automatizadas[56], en la medida en que el art. 11.1 l) del RD 203/2021, de 30 de marzo, por el que se aprueba el Reglamento de actuación y funcionamiento del sector público por medios electrónicos, exige que en la sede electrónica y sedes asociadas exista una "relación actualizada de las actuaciones administrativas automatizadas vinculadas a los servicios, y procedimientos y trámites". Pero si es preciso decir que lo que se automatiza es el proceso de toma de decisiones, esto es, el ejercicio de la función o las funciones asignadas al órgano y no el órgano mismo, ya que la actuación automatizada no es sino una forma de adoptar resoluciones administrativas que ni afecta al órgano (que sigue estando integrado por personas físicas ayudadas de medios materiales y regido por su titular, también persona física) ni altera la competencia, al ser el resultado de la aplicación de las TIC al proceso decisorio de la Administración pública en el marco del procedimiento administrativo, en su fase de terminación (MARTÍN DELGADO, 2009: 306). Por lo que habrá que concluir en que *a priori* no tiene por qué haber ninguna afectación a los derechos lingüísticos si el acto automatizado respeta, "y las especificaciones o programación" (en palabras del art. 41.2 LRJSP) permiten esas garantías. Posibilita, pues, en buena medida una opción en cuanto a la lengua de relación con el sistema que la genera, que es la esencia del derecho de opción en materia lingüística, dejando aparcada la observación a si cuando la LRJSP define la actuación administrativa automatizada está pensando en la realización de actos de trámite más que en el uso de la IA (ALAMILLOS, 2011; CERRILLO, 2019) o en otras posibilidades que llevan a la llamada acción administrativa algorítmica vista como la actuación de la

---

56 Entre ellas, la Resolución de 14 de febrero de 2023, de la Dirección General de la Tesorería General de la Seguridad Social, por la que se regula la tramitación electrónica automatizada de la emisión de certificados de estar al corriente en las obligaciones de Seguridad Social e informes de deuda pendiente.

Administración por medio de sistemas que integran procesos algorítmicos con el fin de automatizar el proceso decisorio humano, total o parcialmente[57].

A título de ejemplo, si seguimos el art. 40.1 del Decreto 622/2019, de 27 de diciembre 2019 de la Junta de Andalucía, de administración electrónica, simplificación de procedimientos y racionalización organizativa, que habilita la actuación administrativa automatizada, entre otras[58], la permite para adopciones de acuerdos y decisiones administrativas mediante la aplicación de fórmulas matemáticas y otros procesos puramente mecánicos (becas, subvenciones con criterios automáticos que no dependan de ningún juicio de valor, liquidación de impuestos). Así como para la certificación de hechos y datos existentes en registro de un sistemas de información, como puede ser una certificación académica, o una hoja de servicios, o un *curriculm,* por lo que es difícil que ahí se puedan ver afectados derechos lingüísticos si el sistema permite o se ha configurado de forma previa para que sea el propio interesado el que cuando se relaciona con la administración elija la lengua en la cual quiere recibir el acto generado totalmente de forma automatizada y, efectivamente, se le genere en la lengua elegida.

2.2. La Inteligencia Artificial. Breve aproximación conceptual a un debate creciente y a algunas de sus derivaciones

Según algunos autores se han registrado más de 55 definiciones de lo que sea la inteligencia artificial (COTINO, 2023 b), e incluso se dijo hace años que hablar de IA es un oxímoron (NEGROPONTE, 1995: 141). Para HUERGO (2021, b),

57 Me remito a las derivaciones de esto y la doctrina que sigue a MARTÍN DELGADO (2023: 142).

58 Su art. 41.2 las prohíbe para “actividades que supongan juicios de valor”.

inteligencia artificial es una expresión demasiado genérica que hace referencia a todo lo que suponga la realización por ordenadores de tareas que anteriormente exigían la intervención humana o que se considera que son características del ser humano por exigir alguna forma de razonamiento. El núcleo (y lo que realmente viene funcionando en la práctica como sistemas de inteligencia artificial) son aplicaciones que, a partir del análisis de grandes cantidades de datos, llevado a cabo con fórmulas matemáticas muy potentes ("algoritmos", aunque la palabra tiene un significado mucho más amplio), producen predicciones o juicios que sirven para tomar decisiones[59]. No hay duda del impacto de los sistemas de IA en el Derecho que es algo, se ha dicho, que "está de moda" (CERRRILLO, 2019), en lo que no podemos entrar, ni en las diferentes acepciones en profundidad de lo que sea la inteligencia artificial.

Con todo, podemos decir que para el Grupo de Expertos de alto nivel en Inteligencia Artificial de la Comisión Europea[60], el término IA se aplica a los sistemas que manifiestan un comportamiento inteligente, siendo capaces de analizar su entorno

---

59 Para el mismo autor, HUERGO (2023: 746), los equívocos provocados por la expresión "inteligencia artificial" son fundamentalmente dos. El primero de ellos se refiere al ámbito, puesto que, frente a la "inteligencia artificial general", que sustituiría al hombre en todo tipo de tareas, actualmente los ejemplos más logrados se centran en tareas relativamente sencillas que un humano llevaría a cabo en pocos segundos, como el reconocimiento facial o la confección o revisión de documentos rutinarios, que es uno de los principales campos de la llamada *Legaltech* o inteligencia artificial jurídica. Y el segundo equívoco, más relevante, es el que se refiere al cómo, a la naturaleza del proceso, porque las aplicaciones o modelos de inteligencia artificial ofrecen un resultado similar al del operador humano (un juicio, una predicción), pero al que se llega por un procedimiento distinto.

60 https://digital-strategy.ec.europa.eu/es/policies/expert-group-ai (Acceso, 4 de octubre de 2023).

y pasar a la acción, con cierto grado de autonomía con el fin de alcanzar objetivos específicos. Estos sistemas pueden consistir meramente en programas informáticos, tales como sistemas de reconocimiento facial y de voz, y de igual modo, la IA también puede estar incorporada en dispositivos de hardware, v.gr. coches autónomos, drones. Sin poder entrar en todas sus derivaciones, asumimos que hablar de IA es hacerlo de máquinas que son capaces de lograr algún tipo de racionalidad mediante la percepción del ambiente con el que interaccionan mediante sensores adquiriendo y analizando datos razonando sobre los mismos de cara de optar a algún tipo de decisión y acción con el fin de alcanzar determinados objetivos definidos o no previamente (Comisión Europea, 2019). Como se sabe, en la Propuesta de Reglamento de Inteligencia Artificial publicado por la Comisión Europea el 21 de abril de 2021[61] los sistemas de inteligencia artificial (sistema de IA) son: el software que se desarrolla empleando una o varias de las técnicas y estrategias que figuran en el anexo I y que puede, para: una perspectiva científico-técnica un conjunto determinado de objetivos definidos por seres humanos, generar información de salida como contenidos, predicciones, recomendaciones o decisiones que influyan en los entornos con los que interactúa. En este sentido los sistemas basados en inteligencia artificial pueden usarse bien para tomar decisiones sin participación humana alguna con lo cual hablaríamos de actuación administrativa automatizada o bien como soporte en alguna de las fases de la toma de decisión por parte de una persona. O dicho de otra forma la IA persigue emular las facultades humanas en máquinas para que estas puedan desarrollar tareas propias de los seres humanos (CERRILLO, 2019), es suma, de la Administración Pública.

---

61 https://eur-lex.europa.eu/resource.html?uri=cellar:e0649735-a372-11eb-9585-01aa75ed71a1.0008.02/DOC_1&format=PDF

MARTÍN DELGADO (2023: 141)[62] parte de una aproximación útil a nuestros efectos, de que la IA es todo agente racional creado por humanos que decide y actúa sobre la base de la percepción, procesando información para producir un resultado a través de un razonamiento que emula el realizado por humanos. Es esa capacidad de percibir lo que le rodea y actuar en consecuencia e, incluso, de transformarlo, lo que le hace merecer el adjetivo de "inteligente". Pero justamente lo que sea la inteligencia enlaza con la manera en que los seres humanos piensan y toman decisiones, así como la importancia del cerebro como órgano esencial del pensamiento humano, soporte de las decisiones racionales, de la inteligencia. Lo que lleva a una IA humano-céntrica (HERNÁNDEZ, 2021: 3) y la posibilidad de que el funcionamiento de aquel pueda ser replicado por una máquina, partiendo de que cuando se habla de inteligencia artificial se piensa sobre todo en la relación directa entre esta y los algoritmos que usa el sistema, para tomar decisiones de manera autónoma o proponerlas.

Son precisamente esas "operaciones comparables a las que realiza la mente humana" las que plantea la hipótesis de si las máquinas podrán integrar aspectos propios de la inteligencia humana ínsitos en la toma de decisiones dentro del complejo haz que está detrás de las mismas, es decir, si los algoritmos que dotan de patrones de actuación y, en su caso, de decisión a la

---

62 En la misma obra dirigida por GAMERO CASADO (2023 a), "¿Qué es la Inteligencia Artificial?", el trabajo de GONZÁLEZ CABANES, Francisco y DÍAZ DÍAZ, Norberto, pp. 38-91. PRESNO (2022: 15). Otras definiciones en COSTA-JUSSÀ y MELERO (2020). BERNING PRIETO (2023). Por supuesto hay que remitirse también al Real Decreto 817/2023, de 8 de noviembre, que establece un entorno controlado de pruebas para el ensayo del cumplimiento de la propuesta de Reglamento del Parlamento Europeo y del Consejo por el que se establecen normas armonizadas en materia de inteligencia artificial, aprobado ya cerrado este trabajo.

IA, que supone en el fondo la programación previa de esa decisión y la decisión de la máquina no es tal o, en todo caso, no tiene nada que ver con una decisión humana (MOZO SEONE, 2021: 38). Se suma ahí el debate necesario sobre la sustantividad propia referida a cómo adquieren o manejan el lenguaje los humanos y los ordenadores, es decir, como pueden funcionar las tecnologías lingüísticas en la inteligencia artificial (MELERO et. al, 2012). No en vano una de las aplicaciones básicas de la inteligencia artificial lo es en el marco del procesamiento del lenguaje que es relevante para una hipotética relación no convencional (física o presencial) entre la Administración y los interesados que si se relacionan de esta manera deberán poder usar (y ser entendidos) en la lengua oficial que elijan, lo que es un derecho subjetivo.

En efecto, al margen los estudios que analizan lo que sea la inteligencia humana y el mecanismo ligado al pensamiento, las estrategias de razonamiento en los humanos giran alrededor de objetivos, opciones de acción, predicción de resultados futuros y planes para la puesta en práctica de objetivos a escala de tiempo variadas y en donde los procesos de emoción y sentimiento son parte esencial (DAMASIO, 2004: 165); procesos que no pueden replicar una IA, de momento. Ello supone que si la predicción de eventos futuros es la función cerebral fundamental y más común, es decir, el pronóstico de algo que puede suceder a lo que el cerebro dedica casi todo el tiempo para hacerlo mal (PUNSET, 2010: 282), esto no es un proceso que se haga solo a nivel consciente (LLINÁS, 2003: 25). Con lo que la capacidad de programación o de orden para una IA, quizás, se aleja en este mismo sentido de su replicación en órdenes matemáticas si se asume que las decisiones racionales que adopta el cerebro humano son inescindibles del subconsciente (del procesamiento de datos o informaciones de manera no consciente) o las emociones o los sentimientos (PUNSET, 2008: 104; GOLEMAN, 2003). Tode ello dejando de lado si fuera posible (o deseable) una IA que pudiera imitar cognitivamente la empatía, el entrenamiento en gestos faciales, tono de voz, pero que carecería de consciencia, emoción y humanidad precisa para no degenerar en un psicópata de sílice (PRESNO, 2022: 67). Y obviando las interesantes aportaciones referidas desde la psicología cognitiva (aplicada también al Derecho), sobre el pensamiento racional y el pensamiento intuitivo o automático (VELASCO CABALLERO, 2022: 110).

El *quid* va a estar en si el desarrollo tecnológico basado en el aprendizaje automático (*machine learning*) o profundo (*deep learning*) permitirá a los sistemas de IA, robóticos o no, que aprendan por sí mismos a partir de la experiencia y del estudio de los datos masivos, identificando, por ejemplo, patrones que ningún humano programó para buscar, identificar y ponderar (CAPDEFERRO, 2020), y que puedan llegar a funcionar, con todas las variables referidas tal y como funciona la inteligencia humana. Lo que se une al debate de conocer cómo los algoritmos proponen una solución a la Administración, a quien debe tomar la decisión a través de un acto administrativo y a la motivación de la misma decisión[63]. En un debate en el que hay consenso en que los sistemas de IA pueden facilitar la adopción de actos reglados, pero cuanto mayor sea el grado de discrecionalidad más difícil será de reproducir a través de la IA los procesos cognitivos de los empleados públicos en el ejercicio de las potestades administrativas que tiene encomendadas (CERRILLO, 2019). En todo caso si, como se ha dicho, la intervención de la Inteligencia Artificial en el ámbito jurídico no aspira a que se razone «como un jurista» o «como un juez», sino de que sus resultados puedan incardinarse de forma inteligente en las tareas cotidianas que realizan los jueces y abogados (SARASÍBAR, 2019: 389) esto es extrapolable a la Administración y a las decisiones basadas en IA que servirían para dictar el acto administrativo que, en todo caso, mantendría una reserva de

[63] CAPDEFERRO (2020), PONCE (2019).

humanidad según la doctrina[64]. Recordando que las predicciones algorítmicas no equivalen a la actuación administrativa automatizada, pues hay actuación automatizada sin inteligencia artificial y hay inteligencia artificial sin actuación automatizada (HUERGO, 2021 b).

Pero con independencia de si la IA basada en algoritmos puede generar actos administrativos y su clase (VESTRI, 2021) o de si se trata de considerar la decisión del algoritmo en términos de acto administrativo informático no vinculante que entonces resume el *modus operandi* instrumental de la fórmula, se ha dicho que el algoritmo utilizado por la Administración pública no produce efectos externos —como al contrario hace el acto administrativo definitorio— convirtiendo la decisión adoptada en un acto administrativo de trámite. En otras palabras, el algoritmo predictivo que adoptara una decisión definitiva sería ejecutor de la potestad administrativa que en realidad queda reconocida al órgano administrativo y en este escenario estaríamos admitiendo una delegación de la potestad administrativa a favor de una fórmula matemática. Esto puede ser lógico si se pone en relación con la manera en que funciona la mente humana, por cuanto si el cerebro actúa por predicciones, estas deben tener una meta o de lo contrario no tendría ningún marco de referencia (LLINAS, 2003: 164). Por lo que parece que una de las características básicas de la IA sería su capacidad para aprender y la habilidad para manejarse en la incertidumbre y comprender su funcionamiento (BOSTROM, 2016: 23-29).

Por otra parte, hay consenso en que la IA está ligada de forma inescindible al uso masivo de datos y de algoritmos (COTINO, 2023a), CERRILLO, 2019) o como se ha dicho de forma más gráfica, la IA, con las características que la definan, se

---

64 PONCE (2019, 2022 a).

desarrolla mediante el uso de algoritmos y datos, siendo que *en la cocina de la IA los primeros serían las recetas y los segundos los ingredientes*[65], por lo que hay distintas formas de entender la inteligencia artificial. Así, siguiendo la doctrina más autorizada se habla de una inteligencia artificial débil o una inteligencia artificial fuerte para marcar la diferencia entre la capacidad de los sistemas autónomos de desarrollar tareas que requieren capacidades humanas más o menos sencillas y en algunos casos los que son capaces de emular la capacidad de los seres humanos para pensar aprender y tomar decisiones. Siguiendo la doctrina[66] entre una IA débil o estrecha e IA general o fuerte. En el primer caso (IA débil o estrecha), se refiere a sistemas autónomos o a un software automatizado capaces de desarrollar tareas que requieren capacidades humanas sencillas (percepción visual, reconocimiento de imágenes, juegos, traducción de idiomas, comprensión del contexto, razonamiento probabilístico y tratamiento de la complejidad) [67].

En el segundo caso (IA fuerte o general), se centra en la idea de sistemas autónomos con capacidades e inteligencia como las humanas, que emulan la complejidad de la capacidad de los seres humanos para pensar, aprender y desarrollar tareas complejas (por ejemplo, juicio ético, razonamiento simbólico, gestión de situaciones sociales e ideación), lo que alcanza a la toma decisiones en base a sistemas algorítmicos que permitan procesar los suficientes datos para resolver problemas, y para proponer soluciones adquiridas de forma autónoma, siendo capaces de aprender de la propia experiencia, de los datos del

---

65 PONCE (2019), la cursiva es del autor.

66 SARASÍBAR (2019), CERRILO (2019), BOSTROM (2016), COTINO (2023 a). Si bien CAMPOS ACUÑA (2019) asume que resulta complejo en estos momentos saber dónde se usa la IA en el sector público. Hay diversos estudios (COTINO 2022)., GAMERO (2023), o CERRILLO (2019) a los que debemos remitirnos.

67 CRIADO (2021).

sistema de IA, lo que deriva en la distinción conocida entre algoritmos predictivos y no predictivos. Por su parte, en lo que se refiere específicamente a las Administraciones públicas, se ha destacado (RAMIÓ, 2018, VALERO, 2019) que en el proceso para la efectiva implantación de la inteligencia artificial se observan al menos tres fases:

a) Automatización robótica de procesos, que afecta principalmente a elementos burocráticos y rutinarios, resultando imprescindible en esta fase la digitalización y la implantación de sistemas automatizados de apoyo a la toma de decisiones.

b) Automatización cognitiva, que implica ya la aplicación real de inteligencia artificial en sentido estricto, siendo los principales desafíos el tipo de información que se estructura en el sistema, y los criterios utilizados para el diseño de los algoritmos. El punto delicado aquí, en los autores que seguimos, es la información que se introduce en el sistema y como se diseñan los algoritmos para entrenarlos y que no creen problemas de discriminación.

c) Inteligencia artificial en su máxima expresión, lo que supone implantar la informática afectiva, el análisis predictivo y la utilización de máquinas con capacidad de aprendizaje; donde ya entran en juego los valores, las premisas ideológicas en las que se sustenta la tecnología y, en particular, los problemas relativos al sesgo de las decisiones.

Si bien CAMPOS ACUÑA (2019) asumía que resulta complejo en estos momentos saber dónde se usa la IA en el sector público, hay diversos estudios GAMERO (2023), o CERRILLO (2019) a los que debemos remitirnos bajo el punto de partida de que son aún incipientes los sectores o ámbitos en lo que se detecta el uso de la IA. Para COTINO (2023 c: 216) en el sector público se diversifica en los servicios públicos generales (30%), después los de asuntos económicos (18%), salud

(15%) y orden público y Seguridad (14%). En el primero se incluyen *chatbots* y asistentes virtuales, lo que nos deberá llevar a ver si en estos casos podremos hablar de algún tipo de discriminación lingüística, lo que de existir, cifrado en ese básico derecho de opción lingüística, lo que no ha sido el caso en los que hemos comprobado[68]. Igualmente se dicho que gracias a la Inteligencia Artificial solucionaremos enfermedades, aumentará nuestra eficiencia y rendimiento, lucharemos mejor contra el cambio climático y contribuiremos a una calidad de vida cada vez mayor en todos los órdenes del bienestar, ya que la Inteligencia Artificial aporta considerables beneficios y mejora nuestra existencia, si bien se ha advertido del impacto negativo de las nuevas tecnologías en la privacidad y los derechos fundamentales, en las estructuras y derechos sociales (TASA, 2022). Para la Estrategia de IA de Cataluña que luego mencionaremos, la inteligencia artificial ayuda a agilizar y facilitar la atención al público, el empleo, formularios, el pago de impuestos, el diagnóstico de enfermedades, la enseñanza personalizada, la participación ciudadana, y la toma de decisiones, entre otras. En la norma europea en elaboración sobre IA también se contiene un elenco de posibles usos de la inteligencia artificial al que me remito. Pero adelantando la posible afectación de la IA en los derechos lingüísticos, BOIX (2023:105) refiere algunos de ellos sobre todo en lo que denomina actuaciones informales, por contraposición a las formalizadas en un procedimiento administrativo, como puedan ser determinar de forma personalizada las *webs* y portales informativos, en la mediad en que puedan prefigurar la interfaz ante el ciudadano en función de los accesos previos de este.

---

[68] Entre otros https://atv.gva.es/va/
https://www.ua.es/
https://www.xunta.gal/servizo-do-012?langId=gl_ES
(Acceso 11 octubre 2023).
Un reciente análisis en BERNING (2023: 169-170).

Ahora bien, si el uso de la inteligencia artificial puede comportar beneficios en las administraciones públicas medibles en términos de eficacia y eficiencia, de simplificación e incluso de proximidad a la ciudadanía (CERRILLO, 2020: 45), se ha asumido de forma unánime que también el uso de sistemas de IA puede presentar ciertos riesgos, como la opacidad o la afectación a derechos de la ciudadanía. De ahí que se haya partido de la necesidad de autorregulación o de regulación como una respuesta jurídica que conjure los riesgos de la inteligencia artificial, pero que no obture en exceso su desarrollo (HERNÁNDEZ, 2021: 2) que es lo que ha visto diversas acciones a nivel mundial a fin de minimizar esos riesgos, pero sin renunciar al uso de aquellas tecnologías (COTINO, 2019). Así en el libro Blanco de la IA, que es la propuesta aprobada por las instituciones europeas (febrero de 2020) para establecer un verdadero marco de política pública en la materia (Comisión Europea, 2020)[69], se da cuenta de algunos de los riesgos que se han predicado del uso de la IA, lo que evidentemente no podemos agotar desde aquí. Todo ello alejado del alcance que le da el interesante ensayo de BOSTROM (2016) sobre los riesgos a otro nivel no despreciable de lo que denomina una "superinteligencia artificial", para centrase en los constatados sesgos, posibles discriminaciones en los que puede incurrir un sistema de IA, lo que quizás deba partir de la cuestión previa de ver cuáles deben ser los objetivos de la IA (SEONE, 2021: 41). Por ello, más allá de la seguridad deberían tenerse también presentes las oportunidades que ofrecen estos avances sobre la reforma administrativa, permitiendo el diseño de una Administración pública más eficiente, precisa y, en suma, inteligente (RIVERO, 2023: 5).

---

69 https://eur-lex.europa.eu/legal-content/ES/TXT/PDF/?uri=CELEX:52020DC0065

Hay ya evidencias probadas judicialmente de lo que el uso de la IA pueda suponer en cuanto a hipotéticos casos de discriminación algorítmica, de sesgos en los algoritmos que use la IA como soporte de una decisión administrativa[70], lo que para CERRILLO (2019), puede surgir por los datos utilizados ya por ser estos de baja calidad o por contener sesgos, introducidos voluntariamente o no. De nuevo la mejor doctrina (COTINO (2023 c), asume, al margen del detallado análisis que hace, que la "discriminación algorítmica "se produce cuando los sistemas automatizados contribuyen a un trato diferente injustificado" o, en su caso, un "impacto que desfavorece a las personas" en función de circunstancias específicas especialmente sospechosas de discriminación (raza, color, sexo, religión, edad, origen nacional, etc.) de modo contrario a Derecho. A este respecto, HUERGO (2021 b), afirma que una de las claves de los sistemas algorítmicos o de inteligencia artificial es que llegan al resultado a través de *correlaciones*, no de *relaciones de causalidad*, como ocurre en los razonamientos usuales, por lo que pueden discriminar de varias formas, de entre las que destacan dos. En primer lugar, porque, si analizan los datos para hallar correlaciones (es decir, si intentan hallar "reglas" o baremos a partir de un mar de datos etiquetados, es decir, datos que se saben que se corresponden –o no– con el objetivo a buscar), pueden hallar correlaciones con factores que, como el sexo, la raza, la religión u otras circunstancias personales o sociales, no pueden

---

[70] En el ámbito laboral, por ejemplo, MERCADER UGUINA (2021), ZUDDAS (2022). Cabe mencionar el conocido caso holandés del discriminatorio sistema que utilizaba un algoritmo para clasificar las solicitudes de prestaciones, al que se refiere Sentencia del Tribunal de Distrito de La Haya de 5 de febrero de 2020. Vid el completo Informe elaborado por AlgoRace «Una introducción a la IA y la discriminación algorítmica para movimientos sociales», https://algorace.org/2022/11/26/una-introduccion-a-la-ia-y-la-discriminacion-algoritmica-para-movimientos-sociales/
(Acceso 9 de octubre de 2023).

ser utilizadas para dar un tratamiento distinto (artículo 14 CE). En segundo lugar, puede haber problemas como consecuencia de los datos utilizados, porque, como ya hemos visto, el algoritmo tiende a reproducir en el futuro los patrones del pasado y esto no siempre se corresponde con la realidad.

Ello no diluye otros de los riesgos que se señalan de los sistemas de IA y del uso de los algoritmos que emplean, como es la falta de transparencia y explicabilidad de los mismos que debe ser máxima si hay un impacto en la decisión automatizada o el sistema IA que "produzca efectos jurídicos en él o le afecte significativamente de modo similar" al individuo (art. 22 RGPD). Por poner un ejemplo sensible detectado como una clara discriminación ligada al género, la Estrategia Española I+D+I en IA (2019) señala de forma más amplia como una prioridad es evitar el sesgo negativo ya que *"es una condición en el desarrollo de las tecnologías y aplicaciones de la IA ligado a esta Estrategia de I+D+I evitar el sesgo negativo y los prejuicios de los que adolece nuestra sociedad, como el género, raza, **u otras formas de discriminación**, y que deberán evitar los sistemas de soporte a la toma de decisiones"* (pag. 40)[71].

Y teniendo en cuenta la derivación formal del principio de buena administración, la necesaria adopción de un acto administrativo como premisa inexcusable para la utilización de un sistema de inteligencia artificial ha de realizarse a través de la tramitación de un procedimiento administrativo (PONCE, 2018), lo que alcanza sin duda a que en la generación de ese acto administrativo se deban respetar las garantías o los derechos lingüísticos de la ciudadanía. Ello no es más que una consecuencia de la regla general de que no es necesario que ninguna norma establezca que la automatización o la IA

---

71 Son muchos los estudios sobre las diversas formas en que la IA o los algoritmos tengan sesgos, entre otros el *Informe Algorace*, en pag. 42 y ss.

deban respetar los derechos y garantías del régimen jurídico del sector público y del procedimiento administrativo común (GAMERO, 2023: 401, 423). En la medida en que las derivaciones de la Ley 39/20125 y 40/2015 son normas básicas que se aplican a cualquier tipo de procedimiento o cualquier tipo de actuación sea automatizada, sea electrónica o sea analógica, lo que se extiende a todas y cada una de las garantías de los actos administrativos, incluyendo la motivación de los mismos y, ligado a ello, la mayor o menor posibilidad de generarlos en función del ejercicio de potestades regladas o discrecionales.

En cambio, se ha dicho que quizás un sistema de IA no puede ser de alto riesgo en cuanto posible afectación a los derechos lingüísticos, pues no se han encontrado ejemplos de sesgos que se puedan vehicular en el despliegue de políticas públicas u ofertas de información por parte de los poderes públicos espa ñoles en cuanto a la lengua utilizada ni en elementos predictivos para hacer prognosis con IA (BOIX, 2023: 107). Si bien no podemos cerrar desde aquí esta hipótesis sobre todo si, como diremos, buena parte de la minimización de este riesgo pasa por disponer de recursos lingüísticos de calidad y suficientes en lenguas cooficiales distintas del castellano. En efecto, si se lee con detenimiento las diferentes posibilidades en cuanto a lo que se considera en el sistema de inteligencia artificial de alto riesgo (Art. 6 Propuesta de Reglamento de IA en relación con los Anexos) en los documentos en los que trabajan las instituciones europeas no aparecen directamente mencionadas, las que pueden inclinadas a las cuestiones como las que aquí nos ocupan. Sí es evidente que puede haber una relación en cuanto posible afectación a derechos fundamentales por sistemas de IA, y habría que remitirnos a la consideración hecha anteriormente, pero se insiste que en puridad dentro de lo que se considera alto riesgo o riesgo en la futura ley de inteligencia artificial tienen difícil encaje las discriminaciones en materia de lengua.

Con todo, un principio general de la futura regulación es siempre y, en todo momento, evitar discriminaciones, por lo que no hay que obviar que puedan darse en alguna medida entre esas formas de discriminación las lingüísticas, lo que deberán evitarse en los sistemas que se usen para la toma de decisiones por la IA, en la elaboración de estos y, en su caso, en los algoritmos que se empleen. En todo caso por ello para PRESNO (2022: 87), en otro marco, son básicas acciones para hacer tener una IA adecuada, fiable y sujetarla en todo caso a las garantías del ordenamiento jurídico, como el régimen de responsabilidad, rendición de cuentas o los sistemas de recursos frente a decisiones tomadas por sistemas de IA.

En suma, para poder minimizar esos riesgos se debería hacer un esfuerzo por interiorizar las reflexiones de SARASÍBAR (2021: 382-384), que habla de un principio de integración de la variable "inteligencia artificial" en el texto de la normativa sectorial partiendo de que la inteligencia artificial es una nueva realidad en nuestra sociedad y una realidad que, debido a sus implicaciones y riesgos, debe ser regulada por el Derecho. Pues bien, dentro de la normativa sectorial que pueda ser la que conforma los derechos lingüísticos se debería integrar esa variante, en su caso, así como en lo que sean las actuaciones administrativa automatizadas.

En este sentido, la regulación implica que el uso que se haga de la misma va a estar controlado, van a existir límites, no se van a cometer abusos, en definitiva, va a ser una realidad ordenada. Y aquí la Propuesta de Reglamento del Parlamento europeo y del Consejo por el que se establecen normas armonizadas en materia de inteligencia artificial (Ley de inteligencia artificial) por la que se modifican determinados actos legislativos de la Unión, Bruselas, 21 de abril de 2021, COM(2021) 206 final, parte de que la regulación de la IA tiene varios objetivos, y uno de ellos es garantizar que los sistemas de inteligencia artificial introducidos y utilizados en el mercado de la Unión sean seguros y "respeten la legislación vigente sobre derechos fundamentales y valores europeos. Y también para "reducir al mínimo el riesgo de discriminación algorítmica, en particular en lo tocante al diseño y la calidad de los conjuntos de datos empleados para desarrollar sistemas de IA" (como indica la Exposición de motivos, punto 1.2 del Reglamento de IA). Pues bien, entre esos valores (y posible discriminación a evitar) se sitúa la diversidad lingüística que debe ser reclamable sea respetada, en su caso, en toda aplicación tecnológica en la que haya una posible opción lingüística (sistemas de actuación automatizada, de IA, *chats boots* virtuals) entre la Administración y la ciudadanía. Todo ello bajo el principio de diversidad e inclusión que para el uso de la IA se debe reclamar en orden a la garantía de la diversidad social y cultural. Desde ahí no hay que olvidar que la Carta Europea de Derechos Fundamentales en su art. 22 consagra que "la Unión respeta la diversidad cultural, religiosa y lingüística" pues se ha afirmado que esa diversidad lingüística no solo lo es solo respectos de las lenguas oficiales pues este precepto es un claro llamamiento a que el mercado interior construirse garantizando, es decir, no limitando, la diversidad lingüística, ni el estatus jurídico interno de las mismas (URRUTIA, 2023: 37).

Ahora bien, si en la IA las predicciones algorítmicas, que buscan dar mayor acierto a esas decisiones, se obtienen analizando el pasado para obtener un "retrato robot", una serie de datos o características para utilizar ese retrato robot (que ha funcionado en el pasado) para intentar predecir el futuro (HUERGO LORA, 2023: 748), no veo en este caso que dificultades pueden haber para que un sistema de predicción algorítmica, una vez que el ciudadano interactuado con la administración, y ha demostrado la opción lingüística de que quiere relacionarse con esta con una determinada lengua, pueda el sistema hacer una predicción justamente de cuál es la lengua oficial en la que habrá que relacionarse con cualquier caso, comunicarse con el interesado. Para BOIX (2023: 107) el uso de IA referido al modelo de lengua relacional con las Administración y los ciudadanos puede afectar a la protección de la intimidad si los datos así obtenidos se pueden usar para el diseño de políticas públicas, lo que deriva en la interesante cuestión que refiere el autor de si esos datos lingüísticos, de relación con un determinado perfil lingüístico podrían estar protegidos si se consideran que son íntimos en relación al posible uso por la Administración en el diseño de políticas públicas, entre ellas podemos mencionar justamente las que se inserten dentro del título amplio de normalización lingüística.

Lo que pueda suponer el uso de la inteligencia artificial, una actividad automatizada y en general el empleo de los recursos tecnológicos no debe ir prejuicio de los derechos que la ciudadanía tiene en entornos digitales. Esta premisa está clara cuando se trata de las afectaciones a los derechos fundamentales, como han señalado reputados autores[72], por lo que si hay un uso de aquellos medios tecnológicos esto supondrá *in totum* el mantenimiento de las garantías del Derecho Administrativo exigibles a la generación de actos administrativos a través de medios tecnológicos. Todo esto dejando un tanto de lado problemas de fondo sobre en qué casos cabe el uso de la IA, en ejercicio de potestades administrativas, en las discrecionales, técnicas o no[73], o en las regladas, o si es necesaria "reserva de humanidad" (PONCE, 2019)[74] no hay duda de que en el diseño de los algoritmos en la medida en que se debe respetar el principio de igualdad y articular las soluciones técnicas disponibles para evitar las discriminaciones, lo que alcanza a las de orden lingüístico, en su caso. Es más, la

---

72 PRESNO LINERA (2022).

73 MARTÍN DELGADO (2009) acepta que quepan decisiones automatizada en el ejercicio de la discrecionalidad técnica.

74 BOSTROM (2016: 225) en otro contexto, habla de la "ratificación", para asumir que, en el caso de los planes decisorios de una hipotética IA, estos deben ser objeto de revisión humana, para evitar los "riesgos catastróficos".

Declaración Europea sobre los Derechos y Principios Digitales para la Década Digital 2023/C 23/ afirma claramente que uno de sus objetivos es apoyar el acceso efectivo a contenidos digitales que reflejen la "diversidad cultural y lingüística de la UE". Correcto es por ello, desde una perspectiva más amplia el Real Decreto 729/2023, de 22 de agosto, por el que se aprueba el Estatuto de la Agencia Española de Supervisión de Inteligencia Artificial, a tenor de las competencias que le asigna el art. 10. Agencia como se sabe creada por la Disposición Adicional Decimoséptima de la Ley 28/2022, de 21 de diciembre , de Fomento del Ecosistema de las Empresas Emergentes, prevé la "creación de la Agencia Española de Supervisión de Inteligencia Artificial", que ya previó como uno de sus fines "la supervisión de la puesta en marcha, uso o comercialización de sistemas que incluyan inteligencia artificial y, especialmente, aquellos que puedan suponer riesgos significativos para la salud, seguridad y los derechos fundamentales". A lo que se debe sumar ahira el Real Decreto 817/2023, de 8 de noviembre, citado.

Capítulo 3

La afectación de los derechos lingüísticos en una administración digitalizada

1. LA INTANGIBILIDAD DE LAS GARANTÍAS LINGÜÍSTICAS

El impacto de las tecnologías de la información y de las comunicaciones en la gestión administrativa, su recepción en las normas administrativas y sus múltiples derivaciones conoce desde hace años aportaciones doctrinales crecientes como se ha señalado en los capítulos anteriores, que no han eludido el análisis de retos como el impacto de las decisiones automatizadas de la Administración a las que se refiere el art. 41 de LRJSP, o de la Inteligencia Artificial. No es frecuente, en cambio, que se descienda al análisis del efecto que esas tecnologías tiene en cuanto a las lenguas en una administración digital, más allá de la lengua en el procedimiento administrativo, lo que va unido al hecho de que las administraciones públicas han incorporado las tecnologías del lenguaje como instrumento (necesario) para prestar servicios públicos, pues debe usarse una determinada lengua en las relaciones con la ciudadanía; lengua que debe ser el castellano u otras oficiales en las Comunidades Autónomas. Dicho de otra forma, si la lengua es esencial en el procedimiento administrativo (electrónico o no) y en las relaciones de los ciudadanos con las Administraciones Públicas, ello conlleva unas derivaciones que afectan a los derechos lingüísticos consagrados *prima facie* en un ecosistema no digital, pero que deben ser los mismos en todo caso ante una administración electrónica y/o que haga un uso más o menos intenso de la automatización para adoptar sus decisiones o que llegue al uso de la inteligencia artificial, para el ejercicio de funciones administrativas. De manera clara se expresa el art. 69 del Decreto 76/2020, de 4 de agosto, de Administración digital en Cataluña, según el cual "los derechos y obligaciones de las personas en sus relaciones digitales con la Administración de la Generalidad se establecen de acuerdo con la normativa vigente de procedimiento administrativo".

La asunción generalizada de TIC en la función administrativa, como se sabe, derivó en un (generalizado y posible) procedimiento administrativo electrónico que no debe suponer sacrificio alguno de las garantías procedimentales conocidas o de las formas, si se sustituyen o se readaptan del entorno analógico al digital, como dije en su momento (OCHOA y GUTIÉRREZ, 2007).Por lo que debe reconocerse un principio de intangibilidad de los derechos de la ciudadanía ligados al uso de la inteligencia artificial en las Administraciones Públicas o la actividad administrativa automatizada para el caso de que estas tengan un impacto (negativo) sobre los derechos lingüísticos. Esto hacen algunas normas autonómicas, entre ellas, la ya citada Ley 29/2010, de 3 de agosto, en Cataluña, sobre todo como una derivación sin duda del régimen de oficialidad de la lengua o principio de legalidad que se extiende también al ámbito en el que nos movemos. Para la doctrina sigue siendo importante la plena oficialidad de las lenguas y la existencia de políticas lingüísticas que contribuyan a materializar los derechos lingüísticos individuales y colectivos, especialmente en las sociedades con más de una lengua oficial; pero en la era de la IA y la revolución digital todo esto no es suficiente (TASA, 2022: 299).

Lo que es evidente es que el uso de las nuevas tecnologías de la información y las comunicaciones tiene ya un impacto en el Derecho Administrativo y en la actividad administrativa (formalizada o no) que ha dejado en nada la lapidaria frase según la cual "la Administración pública es esencialmente formalista y su objeto son los papeles, los expedientes y no la realidad" (NIETO, 1996: 197). El papel ha dejado paso al bit, y esa mutación alcanza a la automatización de la actividad administrativa y al uso de la inteligencia artificial, que no pueden ir en contra de las garantías lingüísticas que tengan los ciudadanos frente a la Administración; garantías que a día de hoy, a salvo las regulaciones autonómicas, derivan esencialmente del art. 13 c) 15 y art. 53 de la Ley 39/2015, de 1 de octubre, del Procedimiento Administrativo Común de las Administraciones Públicas, en su traslación al procedimiento administrativo o en las relaciones con las Administraciones Públicas. Y en la misma manera del art. 2 a) del Real Decreto 203/2021, de 30 de marzo, por el que se aprueba el Reglamento de actuación y funcionamiento del sector público por medios electrónicos, en la medida en que exige que "las herramientas y dispositivos que deban utilizarse para la comunicación por medios electrónicos, así como sus características técnicas, serán no discriminatorios", no discriminación que cubre las posibles ligadas al no respeto de dicho sistema de los derechos lingüísticos de la ciudadanía, si se pueden usar en su relación con la Administración.

Todo ello debe formar parte de lo que debe ser una buena administración[75]en la que se integra el derecho al procedimiento administrativo debido en la lengua que elija el interesado, con o sin uso de tecnologías de la información o de las comunicaciones en la decisión administrativa que se adopte. Lo que conecta como es sabido con el art. 41 de la Carta Europea de Derechos Fundamentales, y es un derecho ínsito en el pluralismo lingüístico referido a que "toda persona podrá

---

75 Concepto por lo demás consolidado por la jurisprudencia de forma creciente (PONCE, 2017, 2023 a).

dirigirse a las instituciones de la Unión en una de las lenguas de los Tratados y deberá recibir una contestación en esa misma lengua". Curioso por ejemplo es aquí el preámbulo del Decreto 25/2020, de 13 de febrero, por el que se regula la ampliación de los plazos de presentación de solicitudes, recursos administrativos, escritos, comunicaciones y documentos en caso de determinadas incidencias técnicas que imposibiliten el funcionamiento ordinario de la sede electrónica de la Xunta de Galicia que señala justamente que el principio de buena administración debe presidir las actuaciones de las administraciones públicas en las relaciones con la ciudadanía y si los medios electrónicos constituyen un instrumento idóneo para lograr una buena administración en la medida en que, como señala la exposición de motivos de la Ley 39/2015, de 1 de octubre, es evidente que esa buena administración no puede ir en perjuicio de los derechos (lingüísticos) de la ciudadanía. Y por ello, ya se actúe "en papel" (de forma analógica) o digital, con o sin intervención humana o con un uso administrativo basado en IA en castellano, el sistema debe permitirlo en otras lenguas oficiales del Estado español para las Administraciones públicas que cuenten con más de una lengua oficial.

En un marco más amplio partimos de que el Derecho y el Ordenamiento Jurídico son una creación humana, por sintetizarlo de forma extrema, pero nos sirve para encajar la idiosincrasia actual del mismo dentro de una clara sociedad digital (DE LA QUADRA, 2018: 22), en el que hay una apertura generalizada y creciente del uso de las TIC en las actividades administrativas que sin duda han sido determinantes y han supuesto un aporte de innovación relevante en la gestión pública. Y ahí no hay duda de que la política de normalización lingüística puede ordenar cual debe ser la lengua en la administración electrónica (en un entorno digital en todo caso) en sus diversas derivaciones, como hace en el País Vasco el Decreto 21/2012, de 21 de febrero, de Administración Electrónica, cuyo art. 5.1 obliga a respetar, a la hora de relacionarse con la Administración, por medios electrónicos, el régimen jurídico de la cooficialidad lingüística, de conformidad con lo dispuesto en la Ley 10/1982, de 24 de noviembre, básica de normalización del uso del Euskera y en la normativa que la desarrolle, siendo que *"la persona interesada elegirá el idioma, euskera o castellano, para realizar trámites y recibir comunicaciones de la Administración"*, (art. 5.3) exigiendo que se garantice *"la modificación de la opción lingüística en cualquier momento de la tramitación"* (art. 5.3). Acertado es también el art. 4 h) de Ley 4/2019, de 17 de julio, de administración digital de Galicia según el cual la misma debe "*garantizar el uso normal de la lengua gallega en todas las plataformas, procedimientos y servicios de la administración digital, así como potenciar el desarrollo de herramientas tecnológicas en gallego y en estándares abiertos"*. Así como el artículo 13 referido a los usos lingüísticos en las relaciones de la ciudadanía con el sector público autonómico por canales digitales en cuyo caso los contenidos y servicios garantizarán el uso normal del gallego y castellano.

En términos similares se expresaba el art. 4 b) de la Ley Foral 11/2007, de 4 de abril para la implantación de la Administración Electrónica en la Administración de la Comunidad Foral de Navarra, derogada por Ley Foral 11/2019, de 11 de marzo, de la Administración de la Comunidad Foral de Navarra y del Sector Público Institucional Foral, a cuyo art. 103.2 nos podemos remitir en cuanto consagra el derecho a una "atención adecuada" derivado en el derecho a usar tanto el castellano como el euskera en sus relaciones con la Administración Pública Foral, en los términos establecidos en la legislación foral reguladora del uso del euskera. Sin que la Ley distinga la forma de esas relaciones, por lo que son exigibles en la actividad administrativa electrónica, lo que va unido al cambio perceptible en la gestión documental que en un entorno digital o electrónico debe sumarse a la gestión de los datos como exigencia de la eficacia administrativa (VALERO TORIJOS, 2018).

En ese tránsito, a la Ley 30/1992 cabe añadir una segunda etapa formada por la Ley 11/2007, de 22 de junio, de Acceso

Electrónico de los Ciudadanos a los Servicios Públicos que la doctrina dijo que suponía el asentamiento de las bases de la administración analógica a la digital (VALERO TORRIJOS, 2014), en un recorrido que es más amplio si se mide en términos de evolución legal que llega a la Ley 39/2015, de 1 de octubre, la Ley 37/2007, de 16 de noviembre, sobre Reutilización de la Información del Sector Público (LRISP) y la Ley 9/2017, de 8 de noviembre, de Contratos del Sector Público, amén del ya citada Real Decreto 203/2021, de 30 de marzo, por el que se aprueba el Reglamento de actuación y funcionamiento del sector público por medios electrónicos.

Pues bien, como idea fuerte se asume que hasta la reforma de 2015, la disciplina jurídica del uso de las herramientas tecnológicas en el ámbito del sector público se ha basado sustancialmente en adaptar las tradicionales garantías jurídico-formales propias de la actuación administrativa y, en particular, el procedimiento administrativo (VALERO TORRIJOS, 2018: 378), bajo lo que son los principios o reglas de intangibilidad de las garantías jurídico-procedimentales del procedimiento analógico en el procedimiento administrativo electrónico entre las que se encuentra el respeto a los derechos lingüísticos[76]. Dicho de otra forma, hay toda una dimensión externa de la administración que usa medios electrónicos (con sistemas de IA o no, y en todo caso con automatización de procedimientos) y que tiene como principal objetivo desarrollar a través de estas tecnologías de la información y las comunicaciones, aquellas actividades que tradicionalmente se han realizado en su faceta de atención al público o de presentación externa. Por tanto, actuaciones administrativas en las que se produce una interacción de la administración con los ciudadanos a través de medios tecnológicos o electrónicos (MARTÍNEZ GUTIÉRREZ, 2009: 224) en las que se incluyen los asistentes virtuales

---

76 OCHOA (2023).

y los robots software o no físicos, dentro de los cuales se distinguen dos clases: los robots para la automatización robótica de procesos y los robots conversacionales o asistentes virtuales o *chatboots* (CERRILLO, 2021: 8). Estos últimos mantienen conversaciones en lenguaje natural, oral o escrito, y aquí se inserta la necesidad de tener el mayor número posible de recursos lingüísticos en lenguas minoritarias o minorizadas, para que el uso de estos medios de relación de los ciudadanos con las administraciones públicas no vaya en detrimento de los derechos lingüísticos que se tienen si se tratara de una relación no automatizada o no robótica. Aquí surge la necesidad de contratar por las Administraciones Públicas sistemas que puedan proporcionarle cómo garantizar que con esa compra pública de sistemas de inteligencia artificial o de administración automatizada, pero también de posibles asistentes virtuales con potencialidades lingüísticas o sistemas de traducción automática, se eviten discriminaciones lingüísticas si a la hora de interactuar con el ciudadano, por ejemplo, si el sistema no es capaz de seguir una conservación (oral o escrita) en la lengua oficial elegida por el ciudadano, lo que *mutatis mutandi* se extiende a la automatización de procedimientos.

Una cuestión capital por ello son las derivaciones propias de las tecnologías del lenguaje que se basan en recursos lingüísticos, que van ligados sobre todo a las tecnologías del procesamiento del lenguaje y de la traducción automática, entre otros[77], en los que puedan estar el de las lenguas oficiales distintas del castellano, así como su difusión y reutilización tras la Ley 18/2015, de 9 de julio, de modificación del art. 5.2 de la Ley 37/2007, de 16 de noviembre, de reutilización de la información del sector público.[78] Lo que es innegable es que,

---

77 Por todos, el pionero estudio de COTINO (2023 a).

78 COTINO (2023 a). VALERO TORRIJOS y MARTÍNEZ GUTIÉRRREZ (2022).

si la IA se alimenta de datos y su uso masivo es presupuesto necesario para entrenar los algoritmos que la sustentan, no será indiferente la mayor o menor presencia de recursos lingüísticos en lenguas cooficiales distintas del castellano, no solo en cantidad sino también en calidad y accesibilidad. Lo que se debe extender a las posibles variaciones de una misma lengua, como el caso del valenciano que es el idioma histórico de la Comunidad Valenciana, pero que forma parte del sistema lingüístico que los territorios que la antigua corona de Aragón reconocen como lengua propia.

En definitiva, el creciente uso de medios técnicos en la actividad administrativa no descarta que pueda haber una posible afectación a los garantías de los ciudadanos en la relación con las administraciones públicas, en donde *a priori* pueden situarse las ligadas al mantenimiento de los derechos lingüísticos que derivan de lo que se ha señalado en los capítulos primero y segundo. En este sentido, hay una serie de acciones de protección o tuitivas de las lenguas oficiales en entornos digitales y el ordenamiento jurídico garantiza (o aspira a garantizar) el haz que conforman los derechos lingüísticos de la ciudadanía en sus relaciones con las distintas Administraciones Públicas, ya en su actividad formalizada o no, y en todo caso en la actividad administrativa digitalizada.

De lo que no hay duda es de que la futura ley de inteligencia artificial de la Unión Europea, se debe basar en los valores y derechos fundamentales de la UE, y tener como objeto inspirar confianza en los ciudadanos y otros usuarios para que adopten soluciones basadas en la IA como un instrumento para las personas, no hay que olvidar que estas personan tienen como sujetos determinados derechos, entre ellos los de orden lingüístico. Que, en su caso, se deben respetar en los requisitos obligatorios comunes aplicables al diseño y el desarrollo de los sistemas de IA antes de su introducción en el mercado europeo. Y sobre todo en el caso de que fuesen identificables con un «alto riesgo» para (entre otros) los derechos fundamentales de las personas, si bien ya se adelantó que los lingüísticos no tienen tal consideración.

2. ACCIONES TUITIVAS DE LAS LENGUAS OFICIALES EN UN ENTORNO DIGITAL[79]

2.1. Administración General del Estado

La preocupación de los poderes públicos por regular que lenguas se pueden usar en entornos digitales y con qué efectos jurídicos[80] no solo afecta a las lenguas calificadas como minoritarias o minorizadas (gallego, euskera, valenciano/catalán) sino incluso al castellano que, siendo la segunda lengua más hablada del mundo no ocupa la posición que le correspondería en el entorno digital. En efecto, el castellano en contenidos digitales está por detrás del inglés, el ruso y el alemán, pasando a ocupar el cuarto puesto[81], y es la cuarta lengua con recursos lingüísticos en el mundo del *big data* o de internet, lo que ha llevado a la Administración General del Estado a aprobar Planes o Estrategias para impulsar las lenguas oficiales en entornos digitales. Así, si como se ha dicho

---

[79] Una exposición en TASA (2022).

[80] Hacemos esta distinción que va ligada al concepto mismo de lengua oficial, pues no es raro que entornos digitales de acceso a la información pública quepa el uso de otras. Así, la Disposición Quinta de la Ley 29/2010, de 3 de agosto, de Cataluña deja claro que: "las entidades que integran el sector público pueden facilitar el uso, sin efectos jurídicos, de otras lenguas a fin de favorecer la integración de colectivos de personas inmigradas".

[81] HARRINGTON, Carolina (2020), "Derecho internacional, lengua e inteligencia artificial. Ecos del VIII CILE 2019", en *Revista de la Facultad,* Vol. XI, nº 1. P. 150, Córdoba (Argentina).

los tres pilares fundamentales sobre los que se asienta la IA son los algoritmos, la potencia de cálculo y los datos, estos últimos calificados como el "nuevo petróleo" (MELERO, 2018: 160), se asume que son aquellos, la necesidad de manejar recursos lingüísticos a fin de procesar automáticamente el lenguaje, en donde puede haber una afectación (negativa) de la IA en los derechos lingüísticos si no hay la suficiente cantidad de ellos, lo que se dará sobre para las lenguas minoritarias o minorizadas, pues será más difícil la existencia de datos o de la información en la lengua que se pretenda fomentar por no ser hegemónica, ya sea en asistentes virtuales o motores de búsqueda de información, entre otros, lo que se extiende al internet de las cosas.

Se trata por ello de disponer de grandes cantidades de textos en formato electrónico que sirven de ejemplo para los algoritmos de aprendizaje automático y otras tecnologías del lenguaje (COTINO, 2023a), para lo que se precisan acciones de fomento público evidentes. No extraña pues que existan medidas planificadas, estrategias tuitivas en ocasiones dirigidas a desarrollar estas infraestructuras lingüísticas para lenguas incluso con un peso importante como el castellano, a fin de que puedan servir para entrenar los algoritmos de la IA. Pero se asume que así como la imprenta ayudó a intensificar el intercambio de información en Europa, también llevó a la extinción de muchas lenguas europeas (MELERO et al, 2012: 5), hay un riesgo evidente para las con menos recursos.

Se precisan, pues intervenciones directas y claras para el fomento, potenciación y en todo caso, la protección de las lenguas oficiales que puedan ser a su vez lenguas minoritarias o minorizadas, pues ante la clara predominancia del inglés, nada descarta que esta brecha o desigualdad se predique incluso para lenguas que en su entorno estatal (como el castellano) son hegemónicas, pero no en un entorno de IA o de digitalización, lo que no empaña que sean las lenguas menos habladas las que tengan menos recursos en Internet u otros entornos digitales (MELERO, 2018: 158).Siendo estas las que se deben proteger, así como los derechos inherentes al uso de las mimas ante o por las Administraciones Públicas. En este sentido, no únicamente los derechos lingüísticos que hemos explicado en el capítulo primero sino también derivaciones de orden constitucional que se enmarcan en el propio artículo 3. 3 CE obligan a la protección de las diversas modalidades lingüísticas de España, aunque no sean lenguas oficiales, lo que debería derivar en que se extienda la protección en el ámbito digital no solo para las lenguas oficiales minoritarias, sino también que forman parte de la diversidad lingüística española. Con todo, los problemas se multiplican en aquellas lenguas minoritarias con un alcance territorial reducido y un número limitado de hablantes y en el caso de lenguas minoritarias y con una oficialidad jurídica de segundo orden, como ocurre con el valenciano/catalán, el vasco/euskera, el gallego o el aranés/occitano en España y se convierten en problemas prácticamente irresolubles con lenguas sin oficialidad y muy minorizadas, como el occitano, el gaélico o el bretón (TASA, 2022: 292), a la que se podrían añadir el asturiano o el aragonés en el caso de España.

Esta acción tuitiva no puede ser ajena al espacio europeo, es más se debe preordenar desde aquel, entre otras con la Declaración Europea sobre los Derechos y Principios Digitales para la Década Digital[82] que aspira a que haya una transformación digital centrada en las personas, y si, como se dijo, estas usan determinadas lenguas en sus relaciones con las Administraciones Públicas, el respeto a los valores de la UE y los derechos de los ciudadanos reconocidos por el Derecho de la Unión se extiende a los Derecho Fundamentales y al de "promover la diversidad cultural y lingüística", ya que la tecnología debe utilizarse para unir a las personas, no para dividirlas. Lo que

---

82 https://eur-lex.europa.eu/legal-content/ES/TXT/?uri=CELEX:32023C0123(01)

va ligado al hecho de que la inteligencia artificial debe ser un instrumento al servicio de las personas y su fin último debe ser aumentar el bienestar humano, lo que se consigue garantizando los derechos lingüísticos, sobre todo el derecho de opción lingüística, en un marco en el que toda persona deba tener acceso a un entorno digital fiable, diverso y multilingüe[83].

En la Administración General del Estado, entre algunas de las acciones más directas hay que mencionar el Plan de Digitalización de las Administraciones Públicas (2021-2025), en el contexto de la Agenda España Digital 2025, dentro del Eje Estratégico 1. Transformación digital de la Administración General del Estado. Se aspira a la automatización de procesos y el uso de la inteligencia artificial para la gestión administrativa (automatización inteligente de procesos), vista como un conjunto de medidas para mejorar la calidad, cantidad y eficiencia de los servicios y procesos de gestión y tramitación de la Administración General del Estado, a través de la utilización de tecnologías de automatización inteligente como la robotización o la Inteligencia Artificial. Evidentemente estos servicios o procesos, si conllevan una relación con la ciudadanía por diversas vías digitales, pues forman parte de lo que se denomina "servicio de automatización inteligente" pueden usar apps, asistentes virtuales o *chats boots* y como dice el mismo Plan pueden estar basados en robotización e Inteligencia Artificial. Además, se anuncia la creación también de una "plataforma de tramitación de procedimientos administrativos común" (sic).

Por su parte, en el Estudio España Digital 2025[84] se afirma que la IA debido a su extremada versatilidad es también

---

83 Como mínimo a las lenguas oficiales en la UE. De ahí la importancia a que el catalán/valenciano, entre otras, lo pueda ser.

84 https://avancedigital.mineco.gob.es/programas-avance-digital/Documents/EspanaDigital_2025_TransicionDigital.pdf

una fuente potencial de riesgos (discriminación provocada por conjuntos de datos sesgados; decisiones automatizadas difíciles de entender; intrusión en la vida privada de las personas; o utilización con propósitos delictivos) si no se respetan determinadas reglas, para lo que asume la necesidad de contar con un marco ético y jurídico homogéneo para toda la Unión, basado en valores compartidos que ponga la IA al servicio de las personas. Es necesario, pues que dentro de una verdadera Estrategia Nacional de Inteligencia Artificial (ENIA)[85] se deban garantizar los derechos digitales lingüísticos, lo que no es el caso en la Carta de Derechos Digitales que, como se sabe es un instrumento de *soft law*, lo que puede ir unido a los Planes de Acción Departamentales derivados de la Agenda Digital Española[86].

Como instrumento *ad hoc* hay que mencionar sobre todo ahora[87] el "PERTE Nueva Economía de la Lengua" (aprobado por el Consejo de Ministros el 1 de marzo de 2022) que se ve como una oportunidad para aprovechar el potencial del español y de las lenguas cooficiales como factor de crecimiento económico y competitividad internacional en la IA. Cuenta con un presupuesto de 1.100 millones de euros de inversión pública, con el objetivo de movilizar otros 1.000 millones de inversión privada. El proyecto estratégico se estructura en torno a seis principios clave: el carácter integrado, la colaboración público-privada, la vertebración territorial, el panhispanismo, la participación de las pymes y startups, y la digitalización integradora, basada en el humanismo tecnológico y la igualdad de género. Sobre éstos se impulsarán 14 proyectos

---

[85] https://portal.mineco.gob.es/RecursosArticulo/mineco/ministerio/ficheros/201202_ENIA_V1_0.pdf (Acceso 26 de septiembre de 2023).

[86] CERRILLO (2021: 15).

[87] Otros precedentes en COTINO (2023 a): 67).

tractores mediante la acción coordinada de las administraciones públicas, las universidades, los centros de investigación, las empresas e industrias, basados en cinco ejes estratégicos: ".... conocimiento en español y lenguas cooficiales. Se desarrollarán corpus lingüísticos formados por textos de distinta índole (novelas, obras de teatro, guiones de cine, noticias de prensa, etc.), pero también que tengan en cuenta el canto, el lenguaje oral o de signos. También el apoyo al Proyecto Lengua Española e Inteligencia Artificial (LEIA) para crear un banco de datos de la lengua, enriquecido con las aportaciones de las comunidades autónomas".

2.2. Comunidades Autónomas[88]

La verdadera acción de protección de las lenguas minoritarias o minorizada en entornos digitales en los que actúe la

---

88 No entramos en las acciones o estrategias de las Comunidades Autónomas que no tienen lengua cooficial, pero en donde hay medidas claras en materia de Inteligencia Artificial, entre otras, el Acuerdo de 20 de septiembre de 2022, del Consejo de Gobierno, por el que se aprueba la formulación de la Estrategia Andaluza de Administración Digital centrada en las personas 2023-2030 (*BOJA* de 23 de septiembre de 2022). O la Comunidad Autónoma de Aragón, con la Estrategia Aragonesa de Inteligencia Artificial para el período 2022-2027 https://www.aragon.es/documents/20127/92910371/Estrategia+Aragonesa+de+Inteligencia+Artificial.pdf/e950b712-36e1-fc8d-fb1d-96f8c9760387?t=1666339430842
(Acceso 16 octubre 2023).
O el Decreto-Ley 2/2023, de 8 de marzo, de medidas urgentes de impulso a la inteligencia artificial en Extremadura, cuyo objeto es el establecimiento del marco esencial de las medidas destinadas al apoyo, promoción, impulso y desarrollo de los sistemas de inteligencia artificial en la Comunidad Autónoma de Extremadura (art. 1), para propiciar entre otras una inteligencia artificial ética, confiable y respetuosa con los derechos fundamentales, y promover la calidad

Administración Pública debe venir sobre todo de las comunidades autónomas, que son las competentes dentro de lo que es el título de intervención ligado a la normalización lingüística para ordenar la lengua propia oficial. En este caso hay que tener en cuenta la jurisprudencia regresiva citada en los capítulos precedentes, pero hay que destacar que prácticamente todas las comunidades autónomas con lengua cooficial han aprobado instrumentos, documentos o líneas estratégicas que tienen en cuenta la protección de las lenguas oficiales distintas del castellano en entornos o ecosistemas de automatización de las decisiones administrativas o de implantación de la inteligencia artificial y, en definitiva, de lo que pueda ser, las acciones de apoyo de las lenguas oficiales distintas del castellano en el ámbito de la tecnología de la información y de las comunicaciones, es decir, en el ámbito de la administración digital. Todo ello para no perder de vista que será sobre todo en las lenguas con un "mercado más pequeño" donde habrá que aplicar estrategias de soporte a la posible inversión inicial que podrían hacerse en el sector privado en la creación de recursos lingüísticos en lenguas. no mayoritarias para poder tener una infraestructura lingüística que, si fuese hecho con soporte público, debería llegar a que fuesen datos procesables descargables y, en su caso, con posibles aplicaciones añadidas (MELERO, 2018: 164).

---

en el uso de inteligencia artificial, o incorporar sistemas de inteligencia artificial en la Administración pública autonómica de Extremadura que favorezcan la eficacia y eficiencia en la prestación de los servicios públicos. Y proteger (sic) a la ciudadanía y a las personas interesadas en los procedimientos administrativos ante el uso de la inteligencia artificial. Junto a los relevantes arts. 11 y 12.

A) País Vasco

Junto a las referencias normativas, debemos mencionar el Plan GAIZU GAITU. Plan de Acción de Tecnologías de las Lenguas (2021-2024) del Gobierno Vasco, cuyo objeto es integrar eficazmente el euskera en las Tecnologías de la Lengua, desarrollar al mismo tiempo recursos lingüísticos (datos y modelos lingüísticos), instrumentos para el tratamiento de la lengua (analizadores, etiquetadores, anonimizadores) y herramientas, además de fomentar su uso, para construir una infraestructura lingüística necesaria para seguir integrando el euskera en las Tecnologías de la Lengua. Confluye con la "Estrategia para la Transformación Digital de Euskadi 2025" aprobada por el Departamento de Desarrollo Económico, Sostenibilidad y Medio Ambiente en 2021.

Las acciones previstas en dicha Estrategia aspiran a disponer de los suficientes recursos lingüísticos de calidad que deben ser recogidos, tratados, etiquetados y puestos en una plataforma pública, en los formatos adecuados y bajo licencia libre. Dentro de la acción en administración electrónica, y como ventanilla única o servicio de atención, se baraja la idea principal del proyecto es desarrollar un robot de atención a la ciudadanía que ofrezca respuestas automáticas (ventanilla única). El núcleo debería ser alimentado con respuestas anteriores de agentes del servicio *zuzenean* (atención a la ciudadanía) y el sistema debería ser capaz de dar una respuesta correcta entre las diferentes opciones a través del *maching learning*. El sistema sería bilingüe. Recogería la solicitud mediante texto y devolvería la respuesta mediante texto. En una capa superior la voz podría convertirse en texto; de esa manera, también se podría utilizar mediante el teléfono. El sistema sería útil no sólo para la ciudadanía, sino también para el personal del propio servicio de atención a la ciudadanía. El documento que seguimos asume que los datos masivos son imprescindibles para seguir integrando el euskera en las tecnologías que utilizan Inteligencia Artificial y, en consecuencia, para poner en cada vez más ámbitos, a disposición de las personas usuarias herramientas y aplicaciones. Esos datos se obtienen de corpus (tanto orales como escritos; monolingües, bilingües y plurilingües) y es importante gestionar su calidad. En todo caso como señala TASA (2022) las referencias al euskera son escasas en el documento y se encuentran fuera de la parte nuclear del documento, en el apartado "otras actuaciones del Gobierno".

Más interesante es el Informe del *Ararteko* (2022)[89] en donde se recuerda que "la adopción de medidas especiales en favor de las lenguas regionales o minoritarias destinadas a promover una igualdad entre los hablantes de dichas lenguas y el resto de la población y orientadas a tener en cuenta sus situaciones peculiares, no se considerará un acto de discriminación con los hablantes de las lenguas más extendidas". Y destaca también otro Informe del *Ararteko* (2021), *Administración digital y relaciones con la ciudadanía. Su aplicación a las administraciones públicas vascas,* que recomienda el fomento de instrumentos y de políticas que impulsen decididamente el uso del euskera en las relaciones electrónicas entre ciudadanía y Administración por medio de sistemas que promuevan un euskera administrativo estandarizado que, en lenguaje accesible a la ciudadanía, incentive el uso de la lengua en los procedimientos administrativos tramitados electrónicamente[90].

---

89 https://s1.ppllstatics.com/elcorreo/www/multimedia/2023/03/28/ararteko.pdf
(Acceso 23 de septiembre de 2023).

90 https://www.ararteko.eus/es/administracion-digital-y-relaciones-con-la-ciudadania-su-aplicacion-las-administraciones-publicas-vascas-0
(Acceso el 25 de septiembre de 2023)

B) Galicia

Debemos partir de la Ley 4/2019, de 17 de julio, de administración digital de Galicia, cuyo art. 3 define como fines de la misma "la garantía del ejercicio de los derechos reconocidos en los artículos 13 y 53 de la Ley 39/2015, de 1 de octubre, del procedimiento administrativo común de las administraciones públicas, en las relaciones electrónicas con el sector público autonómico de Galicia, promoviendo una administración pública abierta, transparente, accesible, eficaz y eficiente". Acertada es también la previsión del art. 4 h) según el cual la Administración debe "*garantizar el uso normal de la lengua gallega en todas las plataformas, procedimientos y servicios de la administración digital, así como potenciar el desarrollo de herramientas tecnológicas en gallego y en estándares abiertos*"[91]. Así como el artículo 13, referido a los usos lingüísticos en las relaciones de la ciudadanía con el sector público autonómico por canales digitales en cuyo caso los contenidos y servicios garantizarán el uso normal del gallego y castellano. Desde ahí, el art. 4 asume que para la consecución de este y otros fines, el sector público autonómico adecuará su actuación a los siguientes principios generales:

....

---

91 En términos similares se expresaba el art. 4 b) de la Ley Foral 11/2007, de 4 de abril para la implantación de la Administración Electrónica en la Administración de la Comunidad Foral de Navarra, derogada por Ley Foral 11/2019, de 11 de marzo, de la Administración de la Comunidad Foral de Navarra y del Sector Público Institucional Foral, a cuyo art. 103.2 nos podemos remitir en cuanto consagra el derecho a una "atención adecuada" derivado en el derecho a usar tanto el castellano como el euskera en sus relaciones con la Administración Pública Foral, en los términos establecidos en la legislación foral reguladora del uso del euskera; sin que la Ley distinga la forma de esa relaciones, por lo que son exigibles en la actividad administrativa electrónica.

> *b) Hacer efectivo el principio de igualdad y no discriminación, con el objetivo de que en ningún caso el uso de los medios electrónicos pueda implicar la existencia de discriminaciones para los ciudadanos y ciudadanas, tanto respecto al acceso a la prestación de servicios públicos como respecto a cualquier actuación o procedimiento, así como en razón de discapacidad o dificultades especiales. Asimismo, garantizar la accesibilidad de los sistemas, aplicaciones, sitios web y aplicaciones para dispositivos móviles.*
>
> *h) Garantizar el uso normal de la lengua gallega en todas las plataformas, procedimientos y servicios de la administración digital, así como potenciar el desarrollo de herramientas tecnológicas en gallego y en estándares abiertos.*

Es el art. 13 el que, dentro de los usos lingüísticos consagra que en las relaciones de la ciudadanía con el sector público autonómico por canales digitales, los contenidos y servicios garantizarán el uso normal del gallego y castellano. Y que los contenidos y servicios digitales establecerán el gallego como lengua de contacto inicial, mientras que el castellano será también lengua de uso en los contenidos y servicios digitales. Por lo demás, se consagra en el art. 52 para el sector público autonómico el deber de fomentar el conocimiento y uso de la lengua gallega. Mientras que la configuración digital de los procedimientos administrativos y servicios en el sector público autonómico (art. 67), en cambio, no recoge expresamente nada dentro de los principios de los procedimientos y servicios digitales que se implanten.

Más enjundia tiene el proyecto NÓS, liderado por la *Conselleria de Cultura, Educación e Universidade* y la AMTEGA, encomendado a la Universidad de Santiago de Compostela, que lo ejecuta a través de su Centro Singular de Investigación en Tecnologías Inteligentes (CiTIUS) y del *Instituto da Lingua Galega* (ILG). El objetivo principal de este proyecto es crear los recursos necesarios para facilitar el desarrollo de servicios y productos basados en la tecnología de la lengua (como asistentes de voz, traductores automáticos o agentes conversacionales), que gracias al proyecto Nós podrán funcionar también en gallego. Paralelamente, promueve también la presencia digital del gallego, facilitando la creación de una amplia variedad de herramientas y recursos de gran calidad y de uso libre, que estarán a disposición de cualquier persona, institución, organización o empresa que quiera crear un producto tecnológico, aplicación o servicio que incorpore el gallego[92].

El proyecto que seguimos aspira a crear los recursos necesarios para colocar el gallego en la vanguardia de las tecnologías inteligentes, especialmente en aquellas áreas relacionadas con las Tecnologías Lingüísticas y, en general, en la sociedad y en la economía de la Inteligencia Artificial. Dentro del proyecto se van a compilar recursos y desarrollar herramientas de gran calidad para el procesamiento automático del gallego, tanto oral como escrito, dentro de algunas de las grandes tareas del procesamiento del lenguaje natural (síntesis de voz, reconocimiento del habla, sistemas de diálogo, traducción automática, corrección y evaluación lingüística automática…) como medio para tener recursos, herramientas e incluso casos de uso se puedan mantener en la comunidad de software libre y también en empresas, permitiendo así que la comunidad que habla y escribe en gallego pueda realizar su vida diaria en la sociedad digital del siglo XXI[93].

---

92 https://nos.gal/es/proxecto-nos/eventos/proyecto-situara-gallego-sociedad-economia-digitales-celebro-encuentro-iniciativas (Acceso 29 de septiembre de 2023)

93 https://nos.gal/es/proxecto-nos/presentacion (Acceso 9 de octubre de 2023)

C) Cataluña[94]

En este caso como garantía de la intangibilidad de la que hablamos, a nivel legal, debemos partir de la Ley 29/2010, de 3 de agosto, del uso de los medios electrónicos en las actuaciones del sector público de Cataluña, cuya Disposición adicional quinta ya tenía presente el uso de las lenguas oficiales en los medios electrónicos, al exigir que las aplicaciones que las entidades que integran el sector público ponen a disposición de los ciudadanos deben permitir que la consulta, participación y tramitación puedan hacerse en la lengua oficial escogida por la persona interesada y deben permitir el cambio de opción lingüística en cualquier momento. Y que las entidades que integren el sector público pueden facilitar el uso, sin efectos jurídicos, de otras lenguas a fin de favorecer la integración de colectivos de personas inmigradas. Más incisivo es el Decreto 76/2020, de 4 de agosto, de Administración digital, cuyo art. 4 l) es meridiano al referirse a los principios generales de la administración digital que se inspiran en los del art. 2 de Ley 29/2010, de 3 de agosto. Y donde se menciona el de "legalidad", que supone el mantenimiento de la integridad de las garantías jurídicas de la ciudadanía ante las administraciones públicas, de acuerdo con la normativa que regula el régimen jurídico y el procedimiento de las administraciones públicas. Lo que es equivalente a la intangibilidad de garantías en el diseño, entre otros, de los servicios digitales a que se refiere el art. 28 del mismo Decreto.

La Ley 1/1998, de 7 de enero, de política lingüística de Cataluña (art. 29), prevé explícitamente que el gobierno de la Generalidad debe favorecer, estimular y fomentar la investigación, producción y comercialización de todo tipo de productos

---

94 https://apdcat.gencat.cat/web/.content/03-documentacio/intelligencia_artificial/documents/Informe-IA-es.pdf (Acceso 8 de octubre de 2023).

en catalán relacionados con las industrias de la lengua, como son los sistemas de reconocimiento de voz, de traducción automática y similares u otros posibles de acuerdo con los avances tecnológicos, lo que dejaba ya resquicio para subsumir futuras aplicaciones como las que tenemos en cuenta.

En cuanto planes de acción cabe mencionar *CataloniaAI,* la Estrategia de Inteligencia Artificial de Cataluña (2020)[95] en la que se aspira, entre otras, a garantizar el uso normal del catalán en la inteligencia artificial por parte de las empresas y las instituciones, buscando disponer datos lingüísticos de calidad, especialmente en catalán, inglés y castellano, y bajo el principio de promover el desarrollo de una inteligencia artificial ética, que respete la legalidad vigente, sea compatible con las normas sociales y culturales, y se centre en las personas. De manera directa asume el documento que seguimos que uno de los ejes prioritarios de la Estrategia está vinculado al uso normalizado de la lengua catalana en las interfaces como elemento clave en el despliegue de estas tecnologías de inteligencia artificial, puesto que la lengua es el elemento de comunicación de base para acceder, utilizar e interactuar con estas tecnologías. Buscar, pues, la presencia y el uso normal del catalán, como también del aranés, es un elemento clave para garantizar los derechos lingüísticos de los ciudadanos en el ámbito de la inteligencia artificial, que también tiene que dar salida en la investigación y a la aplicación de las tecnologías de la lengua actualmente en desarrollo, en sistemas de reconocimiento de voz o de producción de voz artificial en cuanto a las lenguas propias en Cataluña.

En suma, para MELERO (2018), en el caso del catalán, pero con conclusiones generalizables, la necesidad de falta de datos

---

95 https://politiquesdigitals.gencat.cat/ca/economia/catalonia-ai/index.html#googtrans(ca|es)
(Acceso 2 de octubre de 2023).

y recursos lingüísticos suficientes va en perjuicio de las lenguas minoritarias, lo que puede hacer que, si las tenencias no cambian, un gran número de hablantes de lenguas no hegemónicas no se beneficiarán de los avances tecnológicos y de IA, estrategia de recuperación que debe ir unido a la cultura de la reutilización de la información del sector público y de la necesaria potenciación de la interoperabilidad.

D) Comunitat Valenciana

En la Estrategia de Inteligencia Artificial de la Comunitat Valenciana (2019)[96] no hay ninguna mención a la lengua oficial, valenciano según el Estatuto de autonomía, en los entornos digitales o de IA, si bien se destaca el uso de esta en diversos sectores (agricultura, turismo, producción industrial, medicina, medio ambiente, etc.). Al hablar de la "comunicación e idiomas" solo destaca la posibilidad de la traducción simultánea, o el hecho de que la IA nos permitirá comunicarnos más fácilmente con los con los dispositivos que nos prestan información o servicios (*chatbots,* asistentes virtuales).

El Decreto 85/2023, de 9 de junio, del Consell, crea el Observatorio de la Inteligencia Artificial de la Comunitat Valenciana[97] "adscrito a la conselleria competente en innovación tecnológica, como instrumento que posibilite la evaluación, la participación, el intercambio de ideas, la transferencia de información y la generación de propuestas de actuación en materia de inteligencia artificial en la Comunitat Valenciana (art. 1.1) entre cuyas funciones que enumera el art. 3. 1 f) están las de "promover la ética en la IA y la eliminación de sesgos en

---

96 https://presidencia.gva.es/documents/172345415/172485485/Dossier_cas.pdf/45b40fdc-95e3-4c0e-8bbd-b3913487a5b3 (Acceso 10 de octubre de 2023)

97 https://dogv.gva.es/datos/2023/06/13/pdf/2023_6578.pdf

el diseño y aplicación de los sistemas de inteligencia artificial, especialmente en las materias de género, edad, raza, ideología, discapacidad y cualesquiera otras que se identifiquen", en donde esa "cualesquiera otras" permiten incluir las lingüísticas, en su caso.

Por último, cabe decir que nada dice la vieja, pero aún vigente, Ley 4/1983, de 23 de noviembre, de uso y enseñanza del Valenciano.

E) Navarra

El art. 69. 4 de la Ley Foral 11/2019, de 11 de marzo, de la Administración de la Comunidad Foral de Navarra y del Sector Público Institucional Foral dispone que "el Portal Web del Gobierno de Navarra estará disponible en castellano y euskera. Asimismo se incluirán informaciones en otras lenguas cuando se consideren de interés general". Si bien ya antes el art. 5.2 consagra la intangibilidad de derechos, incluyendo los lingüísticos al decir que "en el marco de la normativa vigente, las relaciones con la ciudadanía se articularán, preferentemente por medios electrónicos, al objeto de mejorar y simplificar la tramitación de los procedimientos administrativos, garantizando un adecuado equilibrio entre la eficacia de la actuación administrativa y la salvaguarda de los derechos de los ciudadanos y ciudadanas".

Por su parte, la Estrategia Digital Navarra 2030[98] entre otras aspira a dar un impulso a los datos interoperables entre Administraciones Públicas y su puesta en práctica para un mayor desarrollo de los servicios públicos digitales, la modernización

---

98 https://gcpublica.navarra.es/publica01/EDN2030/Documents/EDN2030.pdf
(Acceso 10 de octubre de 2023).

y transformación digital de la Administración como motor del cambio de la región. Se asume que se desarrollarán servicios públicos plenamente digitales de extremo a extremo a los que pueda acceder de forma sencilla la ciudadanía mediante una identidad digital única que les identifique. Además, se exige que la administración impulse la oferta de datos abiertos actualizados de referencia que servirán para la generación de contenidos de interés general. Entre algunos de sus ejes está avanzar en una transición de la ciudadanía hacia el ciudadano digital, pero en cambio solo habla puntualmente de "traductores inteligentes". En la parte relativa al "Gobierno digital", sí tiene planteamientos interesantes respecto a que se crearán soluciones de atención próximas a las expectativas de la ciudadanía a través de herramientas avanzadas de interacción hombre-máquina, pero no hay ninguna referencia directa a la salvaguarda de los derechos lingüísticos en toda la Estrategia, por lo que habrá que derivarlos de la normativa general. En la que, si se trata de datos lingüísticos se gestionara en base al Decreto Foral 106/2022, de 30 de noviembre por el que se establece el modelo organizativo de la gobernanza del dato y de la Oficina del dato de la Administración de la Comunidad Foral de Navarra.

F) Islas Baleares

Siguiendo con otra de las Comunidades Autónomas con lengua cooficial distinta del castellano, en el caso de Baleares debemos mencionar la Estrategia Balear de Digitalización[99] que desciende al detalle de cómo se verá afectada la Administración Pública por la IA. Reconoce expresamente la diversidad cultural y que existe una lengua propia (no se

---

99 https://www.caib.es/pidip2front/adjunto?codi=2959747&locale=es (Acceso 10 de octubre de 2023).

dice expresamente, pero evidentemente es el catalán[100]) que necesita ser protegida y considerada especialmente en la aplicación de estrategias transformadoras. A este fin, se asume que el posible impacto de la digitalización masiva puede aislar o desplazar la realidad histórica singular de las Islas Baleares si no se trabaja para impulsar o mejorar la presencia digital de aquella, para disponer de una presencia digital de la lengua propia, si no se pude llegar a discriminar la realidad cultural de las Islas Baleares en un contexto digital. Con todo es de destacar el Decreto 49/2018, de 21 de diciembre, sobre el uso de las lenguas oficiales en la Administración de la Comunidad Autónoma de las Islas Baleares, ya citado, cuyo art. 21 consagra, de forma similar al Decreto 61/2017, 12 de mayo, de la Comunitat Valenciana, que "1. Las aplicaciones informáticas que sean accesibles a los ciudadanos tienen que ofrecer la interfaz y el contenido que vehiculen al menos en catalán, sin perjuicio del derecho del usuario a expresarse en cualquiera de las dos lenguas oficiales. La versión en castellano también tiene que estar disponible cuando se utilicen en el marco de un procedimiento administrativo. 2. Los sistemas automatizados de información, autoventa, expedición de documentos y análogos tienen que estar al menos en catalán. En caso de que se incorporen más lenguas, el catalán tiene que ser la primera lengua de respuesta y la primera opción de consulta, el castellano la segunda, y a continuación tienen que figurar las otras lenguas que se consideren oportunas". Y en su art. 22, referido a internet y redes sociales que "los contenidos publicados por la Administración de la Comunidad Autónoma en Internet y en las redes sociales al margen de un procedimiento administrativo se tienen que redactar al menos en catalán. Cuando la información esté disponible en Internet en más de una lengua, las

[100] Art. 4 del Estatuto de Autonomía, y art. 2.1 de la Ley 3/1986, de 29 de abril, de Normalización Lingüística.

diversas opciones lingüísticas tienen que ser accesibles a todas las páginas de manera visible, a fin de que el usuario pueda cambiar fácilmente de lengua en cualquier momento. En caso de que se pueda determinar una lengua por defecto, esta tiene que ser el catalán".

3. LOS DERECHOS LINGÜÍSTICOS EN LA ACTIVIDAD ADMINISTRATIVA FORMALIZADA Y DIGITALIZADA. CONCLUSIONES

En los capítulos anteriores hemos analizado por una parte, el régimen jurídico de los derechos lingüísticos en España y de otra, en general, lo que supone el uso de tecnologías de la información y las comunicaciones en la actividad administrativa formalizada o no. Se señaló que hay una deriva que trae causa de la repercusión negativa de la STC 31/2010, de 28 de junio sobre el Estatuto de Cataluña, y las que han seguido su interpretación, que supone una involución jurisprudencial clara frente a las políticas de normalización lingüística hasta ese momento. Doctrina que bajo el "equilibrio inexcusable" entre las lenguas oficiales (la asume también la STC 11/2018, de 8 de febrero que la ratifica en los mismos términos) lleva a que para la reciente STC 85/2023, de 5 de julio "el uso preferente del poder público de una de las dos lenguas oficiales, contradice una de las características constitucionalmente definidoras de la oficialidad lingüística, cual es, en palabras de la STC 82/1986, de 26 de junio, que las lenguas oficiales constituyen «medio normal de comunicación en y entre [los poderes públicos] y en su relación con los sujetos privados, con plena validez y efectos jurídicos".

Ello implica que la regulación de la cooficialidad lingüística no puede imponer la primacía de una de las lenguas oficiales en relación con otra, ni suponer una postergación o menoscabo de alguna de ellas. Las implicaciones prácticas de la visión formal estricta de la paridad lingüística son enormes como se ha dicho, en lo que es un cambio de paradigma en la regulación de la oficialidad lingüística de las administraciones públicas ubicadas en comunidades autónomas con doble oficialidad lingüística que quedan obligadas a un funcionamiento externo bilingüe con carácter general, ya que el Tribunal Constitucional ha optado por dotar a la oficialidad lingüística —al constructo jurisprudencial "régimen constitucional de cooficialidad lingüística"— de un contenido material uya idea central es la de "equilibrio inexcusable" en la posición jurídica de las lenguas, que opera como límite infranqueable incluso para el legislador estatutario. Esto supone un cambio considerable en el parámetro de constitucionalidad (de la igualdad sustancial de los ciudadanos a la igualdad formal de las lenguas) y en la previa apertura constitucional a la normalización lingüística, ignorando las importantes asimetrías en el régimen jurídico y el uso social que persisten entre el castellano y las demás lenguas oficiales (ARZOZ, 2020: 46). Como se dijo ha habido alguna interpretación razonable con el acervo interpretativo que existía hasta la STC 31/2010.

Pero si desde esta decisión jurisprudencial la cooficialidad ha de sujetarse a un patrón de equilibrio o igualdad entre lenguas, de forma que en ningún caso ha de otorgarse "prevalencia o preponderancia de una lengua sobre otra" ello puede ser un hándicap a la hora de acometer el uso de la IA (en decisiones algorítmicas) y en menor medida en el caso de la actuación automatizada en las Administraciones Publicas, de la misma manera que lo supone en un entorno analógico, bajo la regla de que la cooficialidad ha de sujetarse a un patrón de equilibrio o igualdad entre lenguas. Desde ahí, la configuración de los derechos lingüísticos tanto en el caso de una actuación formalizada como es el procedimiento administrativo (administración electrónica) o no, debe garantizar que sea posible el uso de todas las lenguas oficiales del Estado español en la actividad administrativa[101] en aras, precisamente, a esa misma igualdad formal. Ahí es donde la política de normalización lingüística (directa o indirectamente) debe poder llegar, bajo los resquicios de la misma STC 31/2010, pues ya antes como hace en el País Vasco el Decreto 21/2012, de 21 de febrero, de Administración Electrónica, cuyo art. 5.1 obliga a respetar, a la hora de relacionarse con la Administración, por medios electrónicos, el régimen jurídico de la cooficialidad lingüística, de conformidad con lo dispuesto en la Ley 10/1982, de 24 de noviembre, básica de normalización del uso del Euskera y en la normativa que la desarrolle, siendo que l*a persona interesada elegirá el idioma, euskera o castellano, para realizar trámites y recibir comunicaciones de la Administración,* (art. 5.3) exigiendo que se garantice *la modificación de la opción lingüística en cualquier momento de la tramitación.*

Pues bien, no hay duda de que la computerización en la Administración Pública ha venido haciendo una notable aportación a la mejora de la eficiencia y eficacia en las actividades administrativas en lo que es algo generalmente asumido, por lo que la mejora de la eficacia y la calidad de los servicios públicos es el objetivo estratégico, a la postre, en la utilización de la informática en la Administración, la digitalización, en suma, lo que está detrás de todo plan de modernización. Y hay que destacar que es el creciente papel de la Inteligencia Artificial y de la administración automatizada y/o el uso de algoritmos en la gestión pública uno de los retos a los que se enfrente el Derecho Administrativo y la Administración Pública.

Por ello se dijo que existían razones a finales del siglo XX para reclamar una mayor permeabilidad de la acción administrativa al uso de nuevas tecnologías informáticas más allá de su uso para la acumulación mecánica de datos, para utilizar esos

---

101 Cfr. de forma más amplia para la administración digital el citado Informe del *Ararteko* (2021).

medios mecánicos o informáticos como ejemplo de la informatización de la sociedad que, en el caso de la Administración Pública se vio siempre como un factor de modernización, al menos si se entiende como la adaptación de algo al cambio de circunstancias, y no tanto como un conjunto nuevo de técnicas de gestión. Pero la Administración Pública española se caracteriza, tradicionalmente, por la escasa inversión en tecnología, por la excesiva burocratización de sus procesos y por la falta de motivación de las empleadas y los empleados públicos respecto del uso de las nuevas tecnologías para la prestación de servicios públicos y la toma de decisiones (MENDILIBAR, 2023).

Por muy innovador que sea el invento o la aplicación tecnológica que use la Administración Pública, ya sea en una actuación automatizada que puede tener un amplio recorrido en todas las fases del procedimiento administrativo con arreglo al art. 41 LRJSP[102] o en el uso de la misma IA (y de algoritmos) se puede analizar si con ello se verán impactados negativamente el haz

---

[102] Evitamos poner prolijos ejemplos, de nuevo, de actuaciones administrativas automatizadas https://www.oficinavirtual.pap.hacienda.gob.es/sitios/oficinavirtual/es-ES/actuacionesadministrativas/Paginas/Actuacionesadministrativasautomatizadas.aspx
O la previsión de la Disposición Final Cuarta del Real Decreto-Ley 2/2021, de 26 de enero, de refuerzo y consolidación de medidas sociales en defensa del empleo en cuanto a la posibilidad y la modificación legislativa oportuna para que se pueda emitir actas de infracción basadas en actuaciones automatizadas o como señala GOERLICH PESET (2021: 25), que "amplía la presencia de los algoritmos administrativos en el ámbito social" (pag. 25) o a que "que las actas de infracción sean "extendidas en el marco de actuaciones administrativas automatizadas" (pag. 28), o que "la reforma introducida por el RDL 2/2021 resulta ser pionera: no existen normas legales similares, y ni siguiera se cuenta con ello en el terreno de las oportunidades relacionadas con la automatización" (*idem*). Con todo, sin poder entrar en derivaciones más concretas, sobre los exactos usos y ejemplos de la IA, entre otros, HUERGO LORA (2020: 77).

de derechos vertebrados sobre la oficialidad de una lengua y su presencia en el ámbito público, destacadamente en el procedimiento administrativo o en las relaciones de las Administraciones Públicas con la ciudadanía[103], como dijimos en el Capítulo Primero. Lo que en el caso de sistemas de IA se amplifica si se predetermina una decisión que puede significar una opción lingüística.

En efecto, siguiendo a la doctrina cabe asumir que, en el impacto sobre las lenguas cooficiales minorizadas o minoritarias debe distinguirse el caso de una actuación formalizada dentro de un procedimiento administrativo o de una actuación de mera relación de los ciudadanos con la Administración pero sin una relación jurídica, por ejemplo a efectos de obtener información y orientación acerca de los requisitos jurídicos o técnicos que las disposiciones vigentes impongan a los proyectos, actuaciones o solicitudes que se propongan realizar (art, 53.1 f) Ley 39/2015) sobre todo en cuanto al acceso a páginas webs o sedes electrónicas. Si en el primer caso hay que remitirse a las reglas referidas del uso de la lengua en el procedimiento administrativo (y el impacto es menor o inexistente), en el segundo sí se plantean todo un conjunto de posibilidades en donde hasta cabe que sistemas de IA anticipen y hagan una elección de cuál sería la lengua que prefiriese el interesado que interactúa con la Administración (BOIX, 2023: 106).

No tengo dudas que si un acto administrativo automatizado adoptado por medios electrónicos es igual en contenido que un acto administrativo adoptado por medios humanos (MARTÍN, 2009: 365), dejando de lado cuando cabe (en función de la configuración de la potestad administrativa por la norma), se deberá concluir en que el principio de intangibilidad de derechos lingüísticos debe llevar a que sea posible el respeto a

---

103 NOGUEIRA (2017).

los mismos sin ningún género de duda, al margen del entorno en el que se generen aquellos. En la medida en que la lengua, a la postre, no es sino un requisito formal de ese acto, deberá tenerse en cuenta por la resolución que habilite aquella actuación, en base al art. 41.2 LRJSP. Para PONCE (2019), a nivel general la invalidez puede venir determinada, en primer lugar, por la insuficiente motivación de los actos administrativos, lo que conecta con extremos referidos a la transparencia algorítmica[104]. En nuestro caso la cuestión estriba en si el uso de la IA genera o puede desconocer los derechos lingüísticos, en lo que, llegado el caos, podría ser considerado un defecto de forma de la actuación que se genere.

En otro marco, la necesidad de usar algún tipo de lenguaje por la IA presupone que los programas que lo procesan necesitan entender las dimensiones lingüísticas, para lo que se requiere un gran corpus de texto que permita aprender el vocabulario en él utilizado y la relación entre las palabras que lo conforman, para lo cual construir un modelo de lenguaje se tiende a utilizar corpus genéricos de cada idioma (GÓMEZ-PÉREZ, 2023). A dicho fin no es indiferente la cantidad de datos y el idioma (o variantes de esa misma lengua) en el que estén los recursos lingüísticos, ni la especialidad del mismo lenguaje, lo que afecta a cómo se pueden entrenar los algoritmos y en su caso como les afecta la escasez de recursos en lenguas minoritarias (COSTA y MELERO, 2020: 9) lo que es predicable para todas las que no son predominantes como el inglés. Todo ello en la medida en que en ese espacio de datos que van a usar los sistemas de inteligencia artificial o hay una presencia de las lenguas minoritarias o estarán en clara situación de desventaja para que puedan ser usadas por sistemas de IA, se impone a asistentes del internet de las cosas, como Siri,

---

[104] Analizada en los trabajos que seguimos de COTINO, BOIX, SORIANO ARRANZ y, por supuesto, HUERGO LORA.

Alexa, etc. (TASA, 2022). Sin perder de vista que esos datos, estén en la lengua que sea, deben estar sujetos a los principios FAIR que entre otros consagra la Ley 1/2022, de 13 de abril, de Transparencia de la Comunitat Valenciana. Lo que conecta con los requisitos básicos para un derecho comprensible: claridad (lenguaje claro), accesibilidad (lenguaje accesible) y neutralidad (lenguaje inclusivo) a los que se refiere MOREU CARBONELL (2020: 349).

En supuestos de actuación administrativa formalizada o en el uso de la IA y/o de los algoritmos (o programas informáticos que permitan la actuación automatizada) no se debe producir discriminación alguna en los derechos lingüísticos, si fuera el caso, de la misma manera que no se admiten en otros ámbitos de la actuación analógica de la administración pública. En efecto, si se ha dicho que la IA habla inglés sobre todo, y que por ello hay que procurar que el español ocupe una posición eminente en el mundo de la IA, y en el mundo general de las redes (GÓMEZ-PERÉZ, 2023: 91), con proyectos impulsados por la RAE para la defensa, proyección y buen uso de la lengua española en el universo digital y, especialmente, en el ámbito de la inteligencia artificial y las tecnologías actuales[105], nada impide que ese mismo fin, aprovechar la inteligencia artificial para crear herramientas que fomenten el uso correcto del español en los seres humanos, y se haga con acciones similares por parte de los órganos competentes en las Comunidades Autónomas en cuanto a la lengua propia cooficial. Pues si conviene que las máquinas que usan la lengua española sean entrenadas con materiales lingüísticos fiables que garanticen una comunicación o un entendimiento efectivo y eficiente con sus interlocutores y usuarios (GÓMEZ-PÉREZ, 2023: 95) igualmente cabe seguir lo mismo en otras lenguas oficiales distintas

---

105 https://www.rae.es/leia-lengua-espanola-e-inteligencia-artificial (Acceso 9 de octubre de 2023).

del castellano, que de la misma manera que para éste, debe velar también por el correcto uso de dicha lengua oficial, sea el catalán/valenciano, gallego o euskera para evitar incorrecciones gramaticales o léxicas.

Por tanto, son dos aspectos a tener en cuenta. Uno el impulso de un espacio de datos o recursos lingüísticos en lenguas oficiales minorizadas, pero sin obviar tampoco el castellano. Y otro que el lenguaje de la inteligencia artificial sea, digámoslo así, académico, lo que debe alcanzar a la corrección del lenguaje de especialidad propio del ámbito jurídico y la producción científica en esas lenguas, así como la generalización de su uso por los poderes públicos. Se suma ahí el debate necesario sobre la sustantividad propia la cuestión referida a cómo adquieren o manejan el lenguaje los humanos y los ordenadores, es decir, como pueden funcionar las tecnologías lingüísticas en la inteligencia artificial (MELERO et. al, 2012). Y de lo que no hay duda es de que, si solo usan datos lingüísticos en las lenguas mayoritarias, la minoritarias o minorizadas quedaran marginadas. Se vuelve de nuevo a la necesidad de generar recursos lingüísticos suficientes en esas lenguas pues sin ello podría sufrir el principio de servicio efectivo (en un entorno digital que son ni más ni menos que uno de los exigibles a la administración no electrónica) a la ciudadanía del art. 3.1 a) de la LRJSP, y que como ha señalado la doctrina es también aplicable a la administración robótica (CERRILLO, 2021: 17). Aquí hay que destacar el Real Decreto 203/2021, de 30 de marzo, por el que se aprueba el Reglamento de actuación y funcionamiento del sector público por medios electrónicos, art. 2 f) el principio de personalización y proactividad, entendido como la capacidad de las Administraciones Públicas para que, partiendo del conocimiento adquirido del usuario final del servicio, proporcione servicios precumplimentados y se anticipe a las posibles necesidades de los mismos, si ello supone una opción lingüística que el propio sistema puede poner a disposición de los interesados.

Para TASA (2022: 313):

> ".. es el pleno ejercicio de la oficialidad lingüística de las lenguas españolas diferentes del castellano el que deber obligar a las instituciones públicas centrales y autonómicas a contar con recursos tecnológicos en las lenguas propias que permitan la administración electrónica, el acceso a la información pública, cualquier gestión o comunicación escrita, y en el futuro inmediato oral, con máquinas y aplicaciones al servicio de la administración pública.... Y, del mismo modo, deberían ser capaces de impulsar políticas públicas digitales y de IA que permitan a todos los ciudadanos en las relaciones socioeconómicas y sociales cotidianas tener recursos tecnológicos en la lengua oficial propia tanto en los sistemas de entretenimiento, en el comercio digital o en el internet de las cosas.....".

Por ello a la hora de diseñar esas políticas públicas (y las normas que la vehiculicen y hagan efectivas), cabe referir también los estudios desde la ciencia de la conducta humana y analizar la presentación o el diseño de opciones presentadas a las personas que van a influir orientando, en mayor o menor medida, su comportamiento, que es en donde tienen sentido los *nudges* o "empujoncitos o codazos" (PONCE, 2022, CAPDEFERRO y PONCE, 2022) [106] en el ámbito de las políticas públicas, pues como ha señalado BOIX (2023: 105) como medida de fomento el *nudge* permite el empleo de sedes electrónicas o webs u otros entornos en la lengua minorizada, priorización que no veo vaya en contra de la jurisprudencia antes referida en la medida en que el sistema la ofrecerá previa la opción lingüística del ciudadano, lo que alcanza en su caso a que sistemas de IA, como dice el mismo autor, puedan hacer una prognosis de cuál es la lengua querida, y ofrecerla en la decisión administrativa que se adopte o en la relación con el ciudadano.

---

106 Entre otros el monográfico de 2011 de la *Revista Gestión y Análisis de Políticas Públicas*, dedicado a los *nudges* y el diseño conductual de políticas públicas

En efecto, no hay duda de que lo que se elige a menudo depende de cómo se presenta la elección, de modo que la arquitectura de la opción altera el comportamiento de las personas de forma predecible, por lo que el uso de elementos de diseño de interfaz de usuario para guiar el comportamiento de las personas en entornos de elección digital (CAPDEFERRO y PONCE, 2022: 234), el *nudging* digital puede tener un papel en cuanto a instrumento de fomento positivo y de garantía de los derechos lingüísticos en un entorno no analógico, al ofrecer por defecto una determinada opción lingüística en entornos digitales con opciones predeterminadas en los que haya presencia de una lengua minorizada cooficial. Lo que podría servir no solo para el ciudadano, sino asimismo para poder dirigir las conductas públicas y la de los órganos administrativos que toman decisiones con efectos externos y de los empleados públicos para mejorar la organización (MOREU CARBONELL, 2022). En la medida en que el uso estratégico del lenguaje (o de la lengua elegida, podemos añadir) es un impulso eficaz para modificar el comportamiento o, dicho de otro modo, el uso lingüístico estratégico deviene un *nudge* por sí mismo (MONTOLÍO DURÁN et al, 2022: 149).

Bibliografía

AAVV (2009), *La Ley de Administración Pública Electrónica. Comentario sistemático a la Ley 11/2007, de 22 de junio, de acceso electrónico de los ciudadanos a los servicios públicos,* GAMERO CASADO, Eduardo y VALERO TORRIJOS, Julián, (Coordinadores), Aranzadi, Thomson-Reuters.

AAVV (2006), *Revista Catalana de Dret Públic. Número especial sobre la Sèntencia 31/2010 del Tribunal Constitucional, sobre l'Estatut d'Autonomia de Catalunya de 2010,* https://federalistainfo.files.wordpress.com/2012/10/especial_estatuto_es.pdf

AAVV (2003), *Dret Lingüístic,* VERNET, Jaume, (coord.), Cossetania.

AGIRREAZKUENAGA ZIGORRAGA, Iñaki, (2006), "La carta europea de lenguas regionales o minoritarias del Consejo de Europa como derecho interno", en PÉREZ FERNÁNDEZ, José Manuel (Dir.), *Estudios sobre el estatuto jurídico de las lenguas en España,* pp. 105-146.

AGUADO i CUDOLÁ, Vicenç, (2012), "Les llengües oficials en els procediments administratius, amb particular referència als procediments tramitats per mitjans electrònics" en MILIAN I MASSANA, Antoni (Coord.) D*rets lingüístics, de debò?: Els drets lingüístics en les actuacions administratives i en determinades activitats supervisades per les administracions,* Institut d'Estudis Autonòmics, Barcelona, pp. 119-164.

AMOEDO-SOUTO, Carlos Alberto, (2023), "Lenguas cooficiales y plataformas de contratación pública: implicaciones lingüísticas de la tramitación electrónica del procedimiento de contratación", en *Revista de Llengua i Dret, Journal of Language and Law,* 79, 5-21.

(2018), "Las cláusulas lingüísticas en la contratación pública", en *Revista Vasca de Administración Pública,* núm. 111, pp. 19-57.

ARZOZ SANTISTEBAN, Xabier, (2020), "La cooficialidad lingüística como garantía constitucional: de la convivencia al equilibrio inexcusable", en *Estudio sobre el marco adecuado para la planificación y desarrollo de la normalización del uso de la lengua asturiana y el gallego-asturiano en el ámbito del Principado de Asturias,* PRESNO LINERA, Miguel Ángel (Coord.), Universidad de Oviedo.
https://estaticos-cdn.prensaiberica.es/epi/public/content/file/original/2022/0210/12/informe-cooficialidad-7d51147.pdf

(2014), "Diversidad cultural, religiosa y lingüística", en *La Carta Europea de Derechos Fundamentales de la Unión Europea y su reflejo en el ordenamiento jurídico español*, ORDEÑANA GEZURAGA, Ixusko (ed.), pp. 387-400.

BADILLO ARIAS, José Antonio (2019), "Responsabilidad civil y aseguramiento obligatorio de los robots", en *Inteligencia artificial y riesgos cibernéticos: responsabilidades y aseguramiento*, MUÑOZ VILLAREAL, Alberto y MONTERROSO CASADO Esther (Coord.), Tirant lo Blanch, València, pp. 25-66.

BAENA DEL ALCÁZAR, Mariano (1985), *Curso de Ciencia de la Administración*, Vol. I, Tecnos, Madrid.

BARRIO ANDRÉS, Moisés, (2021), *El internet de las cosas*, 2ª ed. Reus.

(2018), (Dir.), *Derecho de los robots*, Wolters Kluwer- la Ley, Madrid.

BAUZÁ MARTORELL, Felio José (2002), *Procedimiento administrativo electrónico*, Comares.

BERNING PRIETO, Antonio David (2023), "El uso de sistemas de sistemas basados en inteligencia artificial por las Administraciones Públicas: estado actual de la cuestión y algunas propuestas *ad futurum* para un uso responsable", en *Revista de Estudios de la Administración Local y Autonómica*, 20, pp. 165-185.

BIANCULLI, Andrea, JORDANA, Jacint y FERRÍN PEREIRA, Mónica, (2021), *Demandas lingüísticas y conflicto político en España*, Centro de Estudios Políticos y Constitucionales.
https://repositori.upf.edu/bitstream/handle/10230/52370/Bianculli_dema.pdf?sequence=1&isAllowed=y

BOIX PALOP, Andrés, (2023), "El impacto de la implantación de la automatización y del empleo de la IA en la actuación administrativa sobre los derechos lingüísticos de los ciudadanos" en *Revista de Llengua i Dret, Journal of Languaga and Law*, núm. 79, pp. 98-115.

(2022), "Transparencia en la utilización de inteligencia artificial por parte de la Administración", en *El Cronista del Estado Social y Democrático de Derecho*, núm. 100, pp. 90-105.

(2020*), La regulación de l´ús institucional del valencià al si de les administracions públiques valencianes*, Càtedra de Drets Lingüístics, Universitat de València.

BOSTROM, Nick, (2016), *Superinteligencia. Caminos, peligros, estrategias*, Teel, 3ª edición.

BULLINGER, Martin (1993), "La Administración al ritmo de la economía y la sociedad. Reflexiones y reformas en Francia y Alemania", en *Documentación Administrativa,* nº 234, pp. 85-113.

CAMPOS ACUÑA, Mª Concepción, (2019), "Inteligencia artificial e innovación pública: (in) necesarias regulaciones para la garantía del servicio público, en *Revista Vasca de Gestión de Personas y Organizaciones Públicas,* núm. especial 3, pp. 75-91.

CANALS i AMETLLER, Dolors, (2109), "El proceso normativo ante el avance tecnológico y la transformación digital (inteligencia artificial, redes sociales y datos masivos)", en *Revista General de Derecho Administrativo,* núm. 50.

CAPDEFERRO VILLAGRASSA, Óscar, (2020), "La inteligencia artificial del sector público: desarrollo y regulación de la actuación administrativa inteligente en la cuarta revolución industrial", en *Revista de Internet, Derecho y Política,* núm. 30, pp.1-14.

CAPDEFERRO VILLAGRASA, Óscar y PONCE SOLÉ, Juli, (2022), "*Nudging* e inteligencia artificial contra la corrupción en el sector público: posibilidades y riesgos", en *Revista digital de Derecho Administrativo,* n.º 28, pp. 225-258.

CERRILLO i MARTÍNEZ, Agustí (2021), "Robots, asistentes virtuais e automatizacións das administracións públicas", en *Revista Galega de Administración Pública,* núm. 6, pp. 5-42.

(2020), "La transparencia de los algoritmos que usan las Administraciones Públicas", en *Anuario de Transparencia Local 2020,* CAMP BATALLA Ramón (Dir.), Fundación Democracia y Gobierno Local.

(2019). "El impacto de la inteligencia artificial en el derecho administrativo: ¿nuevos conceptos para nuevas realidades técnicas?", en *Revista General de Derecho Administrativo,* núm. 50.

CERRILLO, Agustí y PEGUERA, Miquel (2020), *Retos jurídicos de la inteligencia artificial,* Aranzadi, Cizur Menor.

CERRILLO y MARTÍNEZ, Agustí (2016), (Coord.), *A las puertas de la Administración digital. Una guía detallada para la aplicación de las Leyes 39/2015 y 40/2015,* INAP, Madrid.

CERRILO y MARTÍNEZ, Agustí y XALABARDER, Raquel, (2018), "El impacto del derecho en el uso de las tecnologías del lenguaje en las administraciones públicas", en *Revista de Llengua i Dret, Journal of Language and Law,* núm. 70, pp. 17-30.

COSTA JUSSÀ, Marta R. y MELERO NOGUÉS, Maite (2020), "Converses al voltant de la intel·ligència artificial en clau catalana", en *Revista de Llengua i Dret, Journal of Language and Law*, 74, pp.90-99.

COTINO HUESO, Lorenzo, (2023 a), "Inteligencia artificial, tecnologías y recursos del lenguaje: políticas y derecho para la explotación de corpus y bases de datos", en *Revista de Llengua i Dret, Journal of Language and Law,* 79, 61-77.

(2023 b), "Discriminación, sesgos e igualdad de la inteligencia artificial en el sector público", en GAMERO CASADO, E (Dir.) y PÉREZ GUERRERO, F.L. (Coord.), *Inteligencia artificial y sector público. Retos, límites y medios,* Tirant lo Blanch.

(2023 c), "Los usos de la inteligencia artificial en el sector público, su variable impacto y categorización jurídica", en *Revista Canaria de Administración Pública,* pp. 211-241.

(2019), «Riesgos e impactos del *big data,* la inteligencia artificial y la robótica. Enfoques, modelos y principios de la respuesta del Derecho», en *Revista General de Derecho Administrativo,* 50.

COTINO HUESO Lorenzo y CASTELLANOS CLARAMUNT, Jorge, (Eds.), (2022), *Transparencia y explicabilidad,* Tirant lo Blanch, València.

COTINO HUESO, L. y TODOLÍ SIGNES, A. (2022), (Dir.) *Explotación y regulación del uso del big data e inteligencia artificial para los servicios públicos y la ciudad inteligente,* Tirant lo Blanch.

CRIADO, J. I, (2021), "Inteligencia Artificial (y Administración Pública)", en *Eunomia. Revista en Cultura de la Legalidad,* nº 20, pp. 348-372.

DAMASIO, Antonio (2003), *El error de Descartes,* Crítica, 3ª edición, Barcelona.

DAVARA RODRÍGUEZ, Miguel Ángel (1996), *De las autopistas de la información a la sociedad virtual,* Aranzadi, Pamplona.

DE LA QUADRA SALCEDO, Tomás y PIÑAR MAÑAS, José Luis (2018) (Dir.), *Sociedad digital y derecho,* BOE, Madrid.

FERNÁNDEZ RAMOS, Severiano y PÉRZ MONGUIÓ, José María (2023), "Crónica de Jurisprudencia sobre transparencia y buen gobierno", en *Revista General de Derecho Administrativo,* núm. 63.

FROSSINI, V., "Informática y Administración pública", en *Revista de Administración Pública,* núm. 105, septiembre-diciembre de 1984, págs. 447-458.

GAMERO CASADO, Eduardo, (2023 a), "Las garantías de régimen jurídico del sector público y del procedimiento administrativo común frente a la actividad automatizada y la inteligencia artificial", en *Inteligencia artificial y sector público. Retos, límites y medios,* GAMERO CASADO, E (Dir.) y PÉREZ GUERRERO, F.L. (Coord.), Tirant lo Blanch.

(2023 b), "Sistema automatizados de toma de decisiones en el Derecho Administrativo Español, en *Revista General de Derecho Administrativo,* núm. 63.

GARCÍA RUBIO, F., *Las nuevas tecnologías ante el derecho y la organización administrativa,* INAP, Madrid, 2003

GICHOT REINA, Emilio, (2023), *El acceso a la información pública en el Derecho europeo,* Tirant lo Blanch, València.

GISBERT i SEMPERE, T. (2020), *El valencià en l'àmbit socioeconómic: on tot està per fer i tot es possible,* Càtedra de Drets Lingüístics, Universitat de València, València.

GOERLICH PESET, J. M. (2021), "Decisiones administrativas automatizadas en materia social: algoritmos en la gestión de la Seguridad Social y en el procedimiento sancionador", en *Labos, Revista de Derecho del Trabajo y Protección Social,* núm. 2.

GOLEMAN, Daniel, *Inteligencia emocional,* 38ª edición, Vergara, México, 2003.

GÓMEZ-PÉREZ, A., "Inteligencia artificial y lengua española, discurso de ingreso en la REAL ACADEMIA ESPAÑOLA DE LA LENGUA, leído el 21 de mayo de 2023 https://www.rae.es/sites/default/files/2023-05/Discurso%20de%20ingreso%20de%20Asuncion%20Gomez-Perez.pdf

GONZÁLEZ PÉREZ, Jesús y GONZÁLEZ NAVARRO, Francisco (1994), Francisco, *Régimen Jurídico de las Administraciones Publicas y del Procedimiento Administrativo Común,* Civitas, Madrid.

GONZÁLEZ-TREVIJANO SÁNCHEZ, Pedro (2020), *Los principios de igualdad y no discriminación, una perspectiva de Derecho Comparado, Bruselas* https://www.europarl.europa.eu/RegData/etudes/STUD/2020/659297/EPRS_STU(2020)659297_ES.pdf (acceso 8 de octubre de 2023).

HERNÁNDEZ PEÑA, Juan Carlos, (2021), "Gobernanza de la inteligencia artificial en la Unión Europea. La construcción de un marco ético-jurídico aún inacabado", en *Revista General de Derecho Administrativo,* núm. 56.

HEREDERO HIGUERAS, Manuel (1968) "Problemas jurídicos de la mecanización", en *Documentación Administrativa*, nº 129, pp. 72 y ss.

HUERGO LORA, Alejandro, (2023), "Hacia la regulación europea de la inteligencia artificial", en GAMERO CASADO, E. (Dir.) y PÉREZ GUERRERO, F.L. (Coord.), *Inteligencia artificial y sector público. Retos, límites y medios*, Tirant lo Blanch.

HUERGO LORA, Alejandro, (2021 a) "Regular la inteligencia artificial (en Derecho Administrativo), *El blog de la Revista de Derecho Público*, 22/04/2021.

(2021 b), "Administraciones Públicas e inteligencia artificial: ¿más o menos discrecionalidad", en *El Cronista del Estado Social y Democrático de Derecho*, 96-97, 2021.

(2020): "Una aproximación a los algoritmos desde el Derecho Administrativo", en HUERGO LORA, A. (Dir.), *La regulación de los algoritmos*, Thomson-Aranzadi, Madrid, pp. 23-87.

LIÉBANA RAMÍREZ, Ángel (1966), "Las claves mecanográficas", en *Documentación Administrativa*, núm. 101-102.

LLANO ALONSO, Fernando H. y GARRIDO MARTÍN, (2021), (Dir.), *Inteligencia artificial y derecho. El jurista ante los retos de la era digital*, Thomson-Reuters.

LLINÁS, Rodolfo (2003), *El cerebro y el mito del yo*, Belacqua, Barcelona.

LOSANO, M. G. (1984), *Corso di Informatica Giuridica*, Volume II, Edizioni Unicopli, Milán.

MARTÍN ACEBES, Ángel, (1991), "Las nuevas tecnologías de la información y su uso en la Administración", en *Modernización Administrativa y Formación. Seminario Internacional del INAP*, MAP, Madrid

MARTÍN DELGADO, Isaac (2023), "La aplicación del principio de transparencia a la actividad administrativa algorítmica", en GAMERO CASADO, E (Dir.) y PÉREZ GUERRERO, F.L. (Coord.), *Inteligencia artificial y sector público. Retos, límites y medios*, Tirant lo Blanch.

(2020) (Dir.), *El procedimiento administrativo y el régimen jurídico de la Administración Pública desde la perspectiva de la innovación tecnológica*, Centro de Estudios Europeos Luís Ortega Álvarez/IVAP/Iustel, Madrid, 2020.

(2009) «Naturaleza, concepto y régimen jurídico de la actuación administrativa automatizada», en *Revista de Administración Pública*, núm. 180, 2009, pp. 353-386.

MARTÍNEZ DÍEZ (1984) Roberto, "El proceso de informatización de la Administración Pública española", en *Documentación Administrativa,* nº 200, pp. 133-165.

MARTÍNEZ GUTIÉRREZ, Rubén, (2021), "Elementos para la configuración de la administración digital", en *Revista de Derecho Administrativo,* núm. 20, pp. 212-233.

(2006), *Administración Pública electrónica,* Thomson-Reuters.

MARTÍN MATEO, Ramón y DÍEZ SÁNCHEZ, Juan José (2012), *Manual de Derecho Administrativo,* Thomson-Reuters Aranzadi, 29ª edición.

MARTÍN MATEO, Ramón (1994), "El sistema administrativo clásico y su permeabilidad a los nuevos paradigmas de la calidad total", en *Revista de Administración Pública,* nº 134, pp. 7-27.

MELERO Maite, (2018), "El futur de les llengües en l'era digital: oportunitats i bretxa lingüística", en *Revista de Llengua i Dret, Journal of Language and Law,* 70, pp. 152-165.

MELERO, Maite, et al., (2012), *La lengua española en la era digital.* Springer. http://www.meta-net.eu/whitepapers/e-book/spanish.pdf

MENDILÍBAR NAVARRO, Patricia, (2023), "Redefinición de las competencias de los empleados y las empleadas públicas ante el uso de la Inteligencia Artificial por la Administración Pública", en *Documentación Administrativa,* núm. 10, pp. 73-87.

MERCADER UGUINA, Jesús R. (2021), "Discriminación algorítmica y derecho granular: nuevos retos para la igualdad en la era del *big data", Labos,* Vol. 2, No. 2, pp. 4-10.

MILIAN I MASSANA, Antoni (2021), "Contingut i conseqüències jurídiques de la Sentència del Tribunal Constitucional 31/2010, de 28 de juny, en relació amb les llengües oficials", en *Revista Jurídica de les Illes Balears,* núm. 9, pp. 39-67.

MIRANZO DÍAZ, Javier, (2023), *Inteligencia artificial y Derecho Administrativo,* Tecnos.

MONTOLÍO DURÁN, Estrella, POLANCO MARTÍNEZ, Fernando y GARCÍA ASENSIO, Mª Ángeles, (2002) "Lingüística y ciencia del comportamiento", en PONCE SOLE, Juli, *Acicates (nudges). Buen gobierno y buena administración. Aportaciones de las ciencias conductuales, nudging y sectores público y privado,* Marcial Pons, pp. 133-151.

MOREU CARBONELL, Elisa (2022), "*Nudges* y Derecho Público. Oportunidad y regulación", en PONCE SOLE, Juli, *Acicates (nudges). Buen gobierno y buena administración. Aportaciones de las ciencias conductuales, nudging y sectores público y privado,* Marcial Pons.

(2020), "Nuestro lenguaje: el giro lingüístico del Derecho", en *Revista de Derecho Público. Teoría y método,* Vol. I, pp. 313-362.

MUÑOZ MACHADO, Santiago (2023), *Contestación al discurso de ingreso en la REAL ACADEMIA ESPAÑOLA DE LA LENGUA*, leído el 21 de mayo de 2023 por GÓMEZ-PÉREZ, A., https://www.rae.es/sites/default/files/2023-05/Discurso%20de%20ingreso%20de%20Asuncion%20Gomez-Perez.pdf (acceso 9 de octubre de 2023).

MOZO SEOANE, Antonio (2021), *Los límites de la tecnología. Marco ético y regulación jurídica,* Reus, Barcelona.

NEGROPONTE, Nicholas, *El mundo digital,* Ediciones B, Barcelona, 1995.

NIETO GARCÍA, Alejandro (1996), *La "nueva" organización del desgobierno,* Ariel, Barcelona.

(1976), *La Burocracia. El pensamiento burocrático,* Instituto de Estudios Administrativos, Madrid.

NOGUEIRA LÓPEZ, Alba, (2023), "Introducció a la sección monogràfica sobre llengües, administració electrónica i tecnologies del llenguatge", en *Revista de Llengua i Dret, Journal of Language and Law,* 72, pp. 1-4.

(2019), "Socioeconomía y lengua: entre la protección pública y la autonomía privada", en *Revista de Llengua i Dret, Journal of Language and Law,* 72, pp. 44-63.

(2017), *Derecho de los ciudadanos al uso de las lenguas oficiales en el procedimiento, en especial ante la Administración General del Estado,* en GAMERO CASADO Eduardo (Dir.) y FERNÁNDEZ RAMOS, Severiano y VALERO TOTIJOS, Julián (Coord.), *Tratado de procedimiento administrativo común y régimen jurídico básico del sector público,* Vol. I, Tirant lo Blanch, València, pp. 425-473.

(2006), "Estatuto jurídico de la lengua gallega", en PÉREZ FERNÁNDEZ, José Manuel, (Coord.) *Estudios sobre el estatuto jurídico de las lenguas en España,* Atelier, Barcelona, pp. 449-472.

OCHOA MONZÓ, Josep, (2023), "Intel·ligència artificial i intangibilitat dels drets lingüístics", en TASA FUSTER, Vicenta y OCHOA MONZÓ, Josep. (coords.), *Intel·ligència artificial, llengües i drets lingüístics.* Tirant lo Blanch.

(2006), "La Carta Europea de las Lenguas Regionales o Minoritarias, reflejo en El País Valenciano", en *Lengas: revue de sociolinguistique,* núm. 59, pp. 83-104.

(2000), "¿Hacia la ciberadministración y el ciberprocedimiento?", en *el Derecho Administrativo ante el siglo XXI. Homenaje al Profesor Dr. Ramón Martín Mateo,* Tomo I, Tirant lo Blanc, València,

OCHOA MONZÓ Josep y MARTÍNEZ GUTIÉRREZ, Rubén, (2007), "La permeabilidad de la actividad administrativa al uso de las tecnologías de la información y de la comunicación: hacia la Administración electrónica y el procedimiento administrativo electrónico", en *La Administración electrónica en España: experiencias y perspectivas de futuro,* FABRA FALLS, Modesto J. y BLASCO DÍAZ, José Luis (Coord.), Universidad Jaume I, Castellón, pp. 71-121.

PALOMAR OLMEDA, Alberto, (1995), "La utilización de las nuevas tecnologías en la actuación administrativa", en *Revista Española de Derecho Administrativo,* nº 87, pp. 361-384.

PÉREZ FERNÁNDEZ, José Manuel (2006), (Coord.) *Estudios sobre el estatuto jurídico de las lenguas en España,* Atelier, Barcelona, 2006

PINTO MOLINA M. y GÓMEZ CAMARERO, C. (2004), *La ciberadministración española en la sociedad de la información,* Ediciones Trea.

PONCE SOLE, Juli, (2023, a), "El derecho a una buena administración, su exigencia judicial y el privilegio de ejecutoriedad de los actos administrativos. A propósito de la Sentencia de la Sala 3ª del Tribunal Supremo 1421/2020, de 28 de mayo de 2020, recurso de casación 5751/2017", en *Revista de Administración Pública,* núm. 221, pp. 163-182.

(2023 b), "Seres humanos e inteligencia artificial: discrecionalidad artificial, reserva de humanidad y supervisión humana", en GAMERO CASADO, E. (Dir.) y PÉREZ GUERRERO, F.L. (Coord.), *Inteligencia artificial y sector público. Retos, límites y medios,* Tirant lo Blanch, pp. 195-253.

(2022 a), "Reserva de humanidad y supervisión humana de la inteligencia artificial", en *El Cronista del Estado Social y Democrático de Derecho,* núm.. 11, pp. 58-67.

(2022, b), (Coord.), *Acicates (nudges). Buen gobierno y buena administración. Aportaciones de las ciencias conductuales, nudging y sectores público y privado,* Marcial Pons.

(2019), "Inteligencia artificial, Derecho administrativo y reserva de humanidad: algoritmos y procedimiento administrativo debido tecnológico", *Revista General de Derecho Administrativo,* núm. 50.

(2018), «La prevención de riesgos de mala administración y corrupción, la inteligencia artificial y el Derecho a una buena administración», en *Revista Internacional Transparencia e Integridad,* núm. 6.

(2017), *Los jueces, el derecho a una buena administración y las leyes de transparencia y buen gobierno,* Documento presentado en el VII Congreso Internacional en Gobierno, Administración y Políticas Públicas GIGAPP. (Madrid, España) del 3 al 5 de octubre de 2016.

(2001), *Deber de buena administración y derecho al procedimiento administrativo debido. Las bases constitucionales del procedimiento administrativo y del ejercicio de la discrecionalidad,* Lex Nova, Valladolid.

PONS PARERA, Eva, (2020), *La jurisprudència del tribunal cosntitucional i la garbtia dels drest lingüístics a l'estat espanyol,* Càtedra de Drets Lingüístics, Universitat de València, València. https://www.uv.es/cadrelin/setellibre.pdf

PRESNO LINERA, Miguel Ángel (2022), *Derechos fundamentales e inteligencia artificial,* Marcial Pons, Madrid.

(2020), (Coord.), *Estudio sobre el marco adecuado para la planificación y desarrollo de la normalización del uso de la lengua asturiana y el gallego-asturiano en el ámbito del Principado de Asturias,*

PUENTES COCIÑA, Beltrán y QUINTIÁ PASTRANA Andrei (2019, (Dirs.), *El Derecho ante la transformación digital. Oportunidades, riesgos y garantías,* Atelier, Barcelona.

PUNSET, Eduardo, (2010), *El viaje al poder de la mente,* Destino, Barcelona.

(2008), *Por qué somos como somos,* 3ª edición, Aguilar, Santillana, Madrid.

PUNZÓN MORALEDA, Jesús (2005), (Coord.*), Administraciones Públicas y nuevas tecnologías,* Lex Nova, Valladolid.

PUYOL MONTERO, Francisco Javier, (2018), "Internet de las cosas", en DE LA QUADRA SALCEDO, Tomás y PIÑAR MAÑAS, José Luis (Dir.), *Sociedad digital y derecho,* BOE, Madrid, pp. 319-338.

RAMIÓ, Carles, (2019). *Inteligencia artificial y Administración pública. Robots y humanos compartiendo el servicio público,* Catarata, Madrid.

RICHART CACHÓN, J.A (1991) "La formación como factor de modernización y de la calidad de la Administración", en *Modernización Administrativa y Formación,* MAP, Madrid, pp. 253-255.

RIDAO MARTÍN, Joan, (2014) «El canvi de paradigma en la jurisprudència constitucional sobre la competència lingüística dels empleats públics», en *Revista de Llengua i Dret. Journal of Language and Law,* núm. 61, pp.72-86.

RIVERO ORTEGA, Ricardo (2023), "Algoritmos, inteligencia artificial y policía predictiva del estado vigilante", en *Revista General del Derecho,* núm. 62.

RUIZ VIETES, Eduardo J. (2005), "Lenguas y constitución. Una visión del derecho lingüístico comparado en Europa", en *Revista Vasca de Administración Pública,* 72, pp. 230-275.

SÁNCHEZ DEL CAMPO REDONET, Alejandro, (2016), *Reflexiones de un replicante. Los retos jurídicos de la robótica y las tecnologías disruptivas,* Thomson-Reuters.

SÁNCHEZ FERRI, Remedios (2023), "La transparencia como derecho-deber y sus relaciones con el derecho fundamental a ser informado. De nuevo, discrepando", en *UNED. Teoría y Realidad Constitucional,* núm. 51, pp. 159-186.

SÁNCHEZ RAMOS, M. del Mar, (2022), "La integración de la traducción automática y la posedición en la traducción jurídica: un análisis DAFO para su implantación en la formación de traducción e interpretación en los servicios públicos", en *Revista de Llengua i Dret, Journal of Language and Law,* 78, pp. 121-137

SARASÍBAR IRIARTE, Míren, (2019), "La Cuarta Revolución Industrial: el Derecho Administrativo ante la inteligencia artificial", en *Revista Vasca de Administración Pública,* núm. 115, pp. 377-401.

SEGURA GINARD, Josep LLuis, (2019), "Al voltant de quaranta anys d'oficialitat i d'usos institucionals de les llengües pròpies de les comunitats autònomes, en *Revista de Llengua i Dret,* núm. 72, pp. 5-20.

SORIANO ARNANZ, Alba, (2021): "Decisiones automatizadas: problemas y soluciones jurídicas. Más allá de la protección de datos", en *Revista de Derecho Público: Teoría y Método,* nº.13, 2021, pp. 85-127.

SUBIRATS HUMET, Joan (1989). *Análisis de políticas públicas y eficacia de la Administración,* INAP, Madrid.

TASA FUISTER, Vicenta, (2022). "Oficialidad lingüística e inteligencia artificial: Una reflexión sobre las obligaciones lingüísticas de las administraciones públicas ante la inteligencia artificial", en COTINO HUESO, L. y TODOLÍ SIGNES, A., (coords.), *Explotación y regulación del uso del big data e inteligencia artificial para los servicios públicos y la ciudad inteligente,* Tirant lo Blanch, pp. 289-315.

TASA FUSTER, Vicenta y BODOQUE, Anselm, (2019), *La igualtat de les llengües en l'Administració: un problema per resoldre,* Generalitat Valenciana.

TEJEDOR BIELSA, Julio César (2023), "Régimen competencial de las plataformas y registros estatales e incidencias sobre los derechos lingüísticos", en *Revista de Llengua i Dret, Journal of Language and Law,* núm. 79, pp. 41-60.

URRUTIA LIBARONA, Iñigo, (2023), "La Base de Datos Nacional de Subvenciones y la lengua", en *Revista de Llengua i Dret, Journal of Language and Law,* 79, pp. 22-40.

(2021), *Planificación lingüística en la administración pública, los perfiles lingüísticos y su lectura jurisprudencial,* Càtedra de Drets Lingüístics, Universitat de València.

VALERO TORRIJOS, Julián (2019). «Las garantías jurídicas de la inteligencia artificial en la actividad administrativa desde la perspectiva de la buena administración», en *Revista Catalana de Dret Públic,* núm. 58, págs. 82-96

(2014), "De la digitalización de las Administraciones Públicas españolas en la última década (2004-2014)", en *IDP Revista de Internet, Derecho y Política,* pp. 117-129.

(2013), *Derecho, Innovación y Administración electrónica,* Global Law Press, Sevilla.

(2003), *El régimen jurídico de la e-Administración. El uso de medios informáticos y telemáticos en el procedimiento administrativo,* Comares, Granada.

(2000), "Administración Pública, ciudadanos y nuevas tecnologías ", en *El Derecho Administrativo en el umbral del siglo XXI. Homenaje al Prof. DR. Ramón MARTIN MATEO,* Tomo III, SOSA WANGER Francisco (Coord.), Tirant lo Blanch, València, pp. 2943-2966.

VALERO TORRIJO, Julián y MARTÍNEZ GUTIÉRREZ, Rubén, (2022), *Datos abiertos y reutilización de la información del sector público,* Comares.

VELASCO CABALLERO, Francisco, (2023), "Psicología para el Derecho Administrativo", en *Revista de Derecho Público: Teoría y Método Marcial Pons Ediciones Jurídicas y Sociales,* Vol. 7, pp. 41-82

(2022), "Piscología cognitiva, pensamiento automático y enseñana del Derecho Administrativo", en PONCE SOLÉ, Juli (Coord.), *Acicates (nudges). Buen gobierno y buena administración. Aportaciones de las ciencias conductuales, nudging y sectores público y privado,* Marcial Pons.

(2018), "*Nudges*» y Derecho administrativo https://franciscovelascocaballeroblog.wordpress.com/2018/05/28/nudges-y-derecho-administrativo/

VESTRI, Gabriele, (2021), "La inteligencia artificial ante el desafío de la transparencia algorítmica", en *Revista Aragonesa de Administración Pública,* núm. 56, pp. 368-398.

ZUDDAS, Paolo, (2022), "Decisión algorítmica y principio de igualdad", en *Revista General de Derecho Administrativo,* núm. 60.

tirant PRIME

Inteligencia jurídica en expansión

Trabajamos para **mejorar el día a día** del **operador jurídico**

Adéntrese en el universo de **soluciones jurídicas**

96 369 17 28

atencionalcliente@tirantonline.com

prime.tirant.com/es/